无姬不谈

十三岁，去美国读初中

朱家姬（Jiahua Zhu） 绘著

中信出版集团｜北京

图书在版编目（CIP）数据

无媸不谈：十三岁，去美国读初中 / 朱家嬬绘著
.-- 北京：中信出版社，2019.5
ISBN 978-7-5217-0356-6

Ⅰ.①无… Ⅱ.①朱… Ⅲ.①留学教育—概况—美国
Ⅳ.① G649.712.8

中国版本图书馆 CIP 数据核字 (2019) 第 063833 号

无媸不谈：十三岁，去美国读初中

著　者：朱家嬬
出版发行：中信出版集团股份有限公司
　　　　（北京市朝阳区惠新东街甲 4 号富盛大厦 2 座 邮编 100029）
承 印 者：北京通州皇家印刷厂
开　　本：880mm×1230mm 1/32　　印　张：8　　字　数：125 千字
版　　次：2019 年 5 月第 1 版　　　　印　次：2019 年 5 月第 1 次印刷
广告经营许可证：京朝工商广字第 8087 号
书　　号：ISBN 978-7-5217-0356-6
定　　价：49.00 元

版权所有·侵权必究
如有印刷、装订问题，本公司负责调换。
服务热线：400-600-8099
投稿邮箱：author@citicpub.com

序

　　常言道："读万卷书不及行万里路。"近年来，越来越多的家庭送孩子到海外留学，以求丰富内心、开阔视野。受这种潮流的影响，2015年，我们决定将13岁的女儿送到美国留学。然而，直至亲身陪伴孩子走过初到异乡的日子，我才真切地感受到：低龄留学并非一曲诗和远方的交响，倒更像是一场有关意志和逆商的考验。

　　自儿时起，婳儿便有记日记的习惯。初到美国，许多方面都不适应，写日记便成了她排遣情绪的法宝。有时功课不忙，她还会在日记本上画几笔，偶尔画到得意处也会与我分享一二。受此启发，我便建议她将这一年的经历画出来，一来算是一个独特的纪念，二来或许可以分享给正在考虑是否送孩子留学的家长们，为他们提供参考。婳儿听闻欣然同意，那个周末便把以往的日记归纳整理，与我商定了一个提纲，意兴盎然地画了起来。

　　进入高中后，婳儿选修了几门与绘画有关的课程，在画技提高的同时也接触到了更流行的绘画软件。2017年，在参看了大量的漫画书后，婳儿毅然决定推翻以前的画稿重新开始。彼时，她已经进入10年级，功课压力逐渐增大，只能利用节假日断断续续地创作，最终历时一年半方得成稿。关于书中主人公的形象设计，从起初的写实，到后来变成靠近日漫卡通，到现在的美国动漫风格，婳儿几易其稿，这个不断推倒重来的过程，也是她自我认知逐渐明晰的过程。一身短装、两颗丸子头，粗线条和诙谐的背后是洋溢在神情中的小倔强。面对新环境，只有让内心更强大才能走出舒适圈，让内心的小宇宙早早爆发。

此书是婳儿对入学第一年的一个总结和回顾，亦有我对在美国留学的相关事件及规则的记录和感悟。纸短情长，婳儿选了 18 个小故事来记叙这纷繁复杂的一年：第一章到第六章反映的是在开学之初对陌生环境的探索，艰辛而难忘；第七章到第十一章是初步适应新环境后，对课程、娱乐、安全等日常问题的思考，记录了在新环境中自我调适的过程；第十二章到第十六章是深入了解美国学校和社会后，对其文化和社会层面问题的思考和见解，在新环境中逐渐成长。第十七章和第十八章是本书的一个情感定位，低龄留学，没有人可以自信地说这是一个完全正确的选择，我们所做的一切只不过是让当初的选择变得尽量正确——孩子们年少离家，在自我完善和成长的同时仍可以爱国爱家，与祖国葆有牢固的情感纽带，家长们早早面临空巢但仍可以享受深厚的亲子关系。我想，这才是众人追求的完美结果吧。

每个个体都有属于自己的旅程，虽然"父母之爱子，则为之计深远"，但我们并不能代替孩子完成属于他们自己的旅程。希望婳儿的这本书能帮到那些即将开启低龄留学的孩子们，愿他们能做好行前的规划和准备，在旅途中多一分笃定少几分焦虑。

相信经过"行万里路"的历练，那些曾经懵懂的孩子必将成长为眼界开阔、步履坚实、胸怀家国的有识之士。

婳妈

2018年11月23日

留学前夕

一石激起千层浪，我即将留学的消息一出，家里、学校、朋友圈里都热闹极了，有担忧、有不解、有羡慕、有祝福。我倒还算是淡定自若，有妈妈护航，还可以脱离现在苦哈哈的学习状态，对于未来，虽也有隐隐的不安，但我已经迫不及待去探索一个全新的世界了。

目录

- 序 III
- 目录 VII
- **CHAPTER 1** 初见新学校 — 1
- **CHAPTER 2** 悲摧的第一天 — 15
- **CHAPTER 3** 意外的升级 — 29
- **CHAPTER 4** 第一个难友 — 41
- **CHAPTER 5** 找到组织啦 — 53
- **CHAPTER 6** 菜鸟月度之星 — 65
- **CHAPTER 7** 光怪陆离的节日 — 77
- **CHAPTER 8** 奇葩的课程 — 89

VII

PET

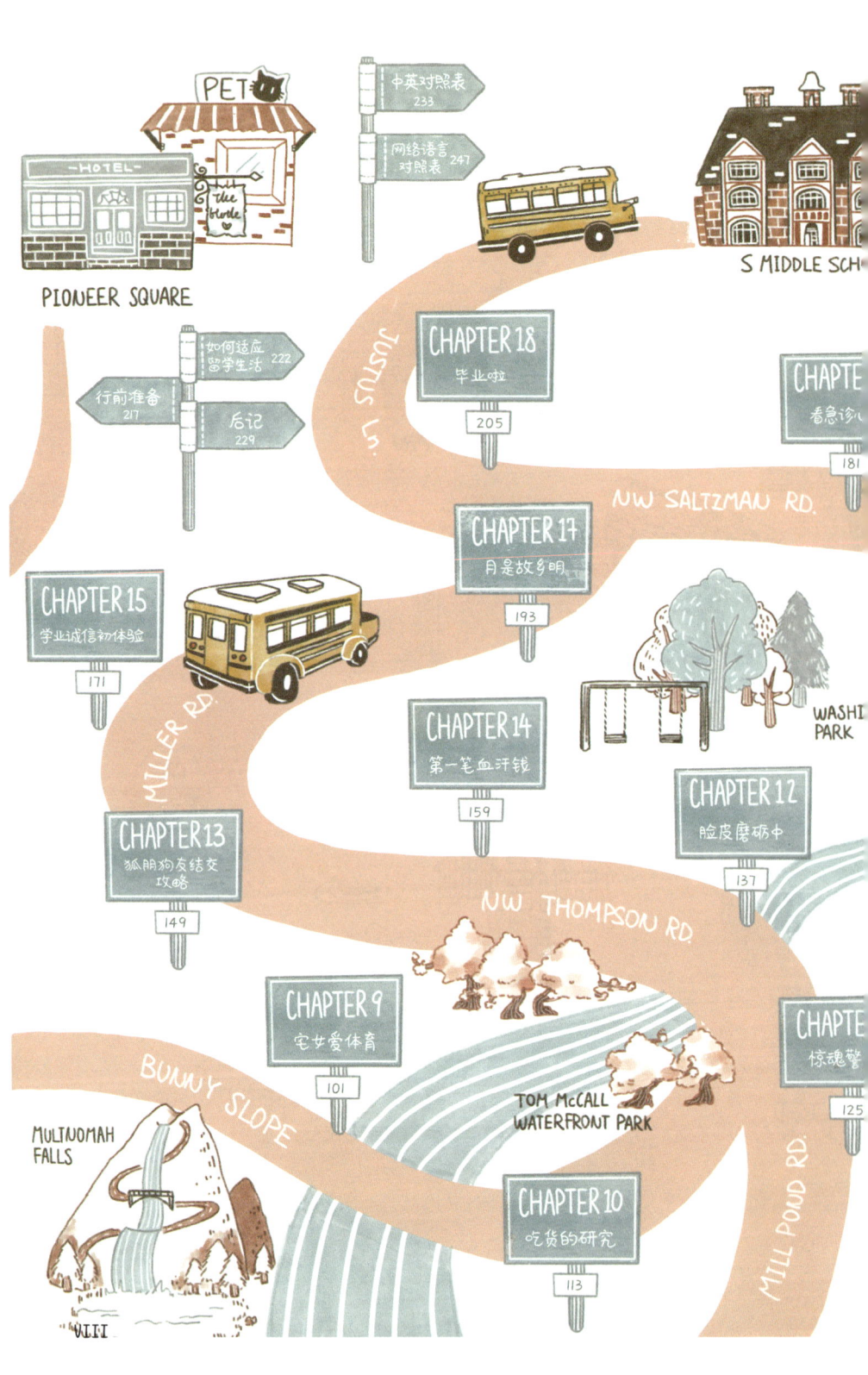

HOTEL

hit the thistle

PIONEER SQUARE

中英对照表 233
网络语言对照表 247

S MIDDLE SCH

如何适应留学生活 222
行前准备 217
后记 229

CHAPTER 18
毕业啦
205

CHAPTER
看急诊
181

JUSTUS Ln.

NW SALTZMAN RD.

CHAPTER 17
月是故乡明
193

CHAPTER 15
学业诚信初体验
171

MILLER RD.

WASHI PARK

CHAPTER 14
第一笔血汗钱
159

CHAPTER 12
脸皮磨砺中
137

CHAPTER 13
狐朋狗友结交攻略
149

NW THOMPSON RD.

CHAPTER 9
宅女爱体育
101

CHAPTER
惊魂警
125

BUNNY SLOPE

TOM McCALL WATERFRONT PARK

MILL POND RD.

MULTNOMAH FALLS

CHAPTER 10
吃货的研究
113

VIII

CHAPTER 1

初见新学校

Wild Cat Day

2:00-3:00

焦虑

妈妈絮语

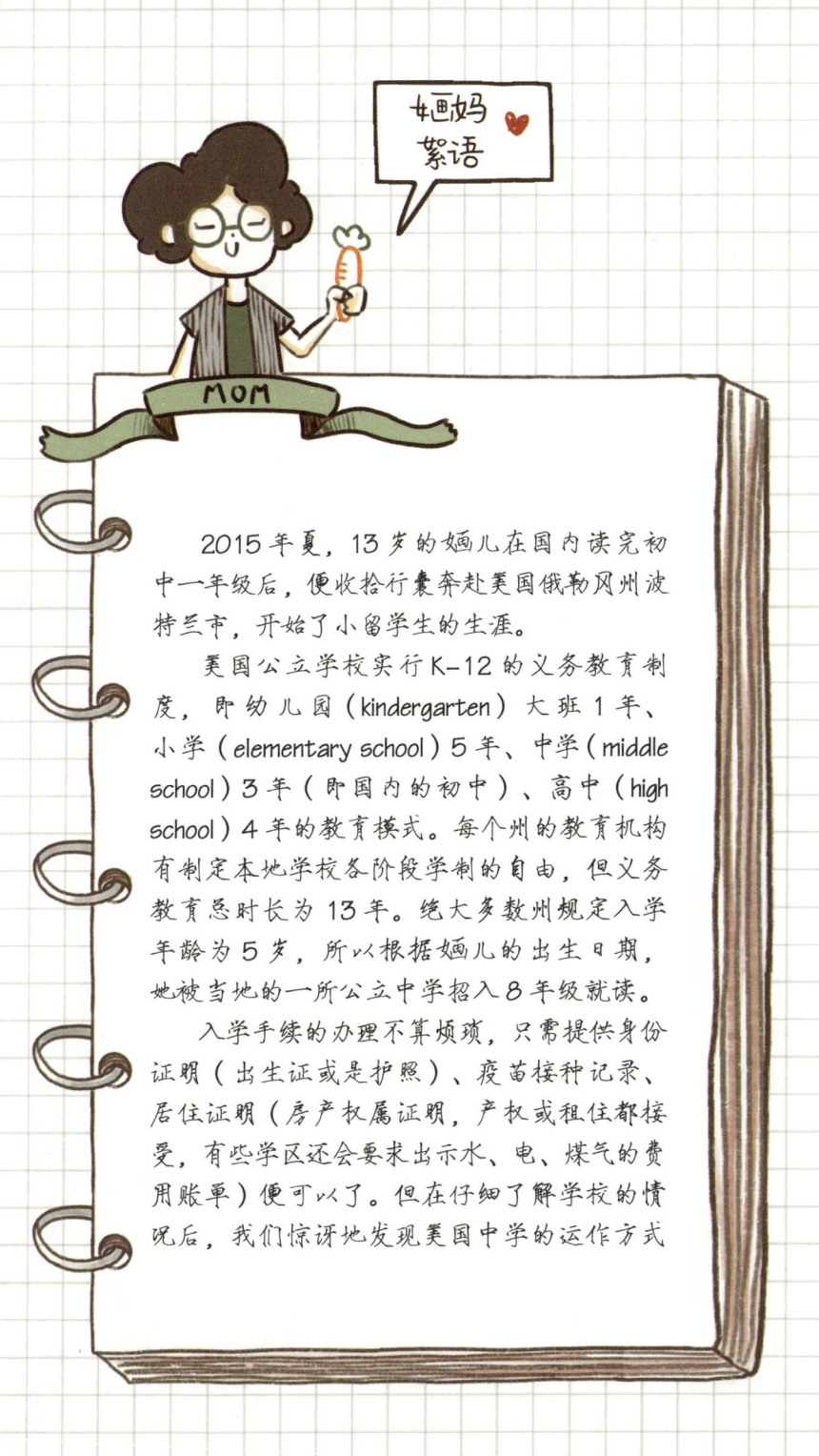

MOM

　　2015年夏，13岁的姻儿在国内读完初中一年级后，便收拾行囊奔赴美国俄勒冈州波特兰市，开始了小留学生的生涯。

　　美国公立学校实行K-12的义务教育制度，即幼儿园（kindergarten）大班1年、小学（elementary school）5年、中学（middle school）3年（即国内的初中）、高中（high school）4年的教育模式。每个州的教育机构有制定本地学校各阶段学制的自由，但义务教育总时长为13年。绝大多数州规定入学年龄为5岁，所以根据姻儿的出生日期，她被当地的一所公立中学招入8年级就读。

　　入学手续的办理不算烦琐，只需提供身份证明（出生证或是护照）、疫苗接种记录、居住证明（房产权属证明，产权或租住都接受，有些学区还会要求出示水、电、煤气的费用账单）便可以了。但在仔细了解学校的情况后，我们惊讶地发现美国中学的运作方式

> 上学很好玩的。

> 不要啦！怕怕！

　　与国内的初中大相径庭。进入中学以后，每个学生有不同的课程表，大家依据课程表到不同的教室上课。虽然每人有自己的 homeroom（类似于国内的固定教室），以及自己的 homeroom teacher（类似于班主任），但是每天只有进校后的十几分钟待在这间教室里，收听一些学校的通知或安排，然后便要根据课程表走班上课。

　　婳儿就读的这所中学将两层的教学楼分成4个不同颜色的区域来管理，以此减少学生大范围走班带来的混乱。进校后，孩子们会有一个储物柜，临时存放书包和杂物，帮助学生减少走班中的负担。储物柜有密码锁，三步旋转开锁的方式类似老式保险柜。

　　婳儿是国内公立学校初一的英语水平，自尊心强又有些胆小的性格，面对这样一个陌生的环境，全新的教学模式，不同的课业内容，又少了友情的支持，婳儿能顺利适应吗？作为家长，虽然表面淡定，不住地给孩子加油打气，但其实我心里明白：这个学期她将面临前所未有的挑战。

地点：俄勒冈州波特兰市
时间：2015 年 8 月 25 日

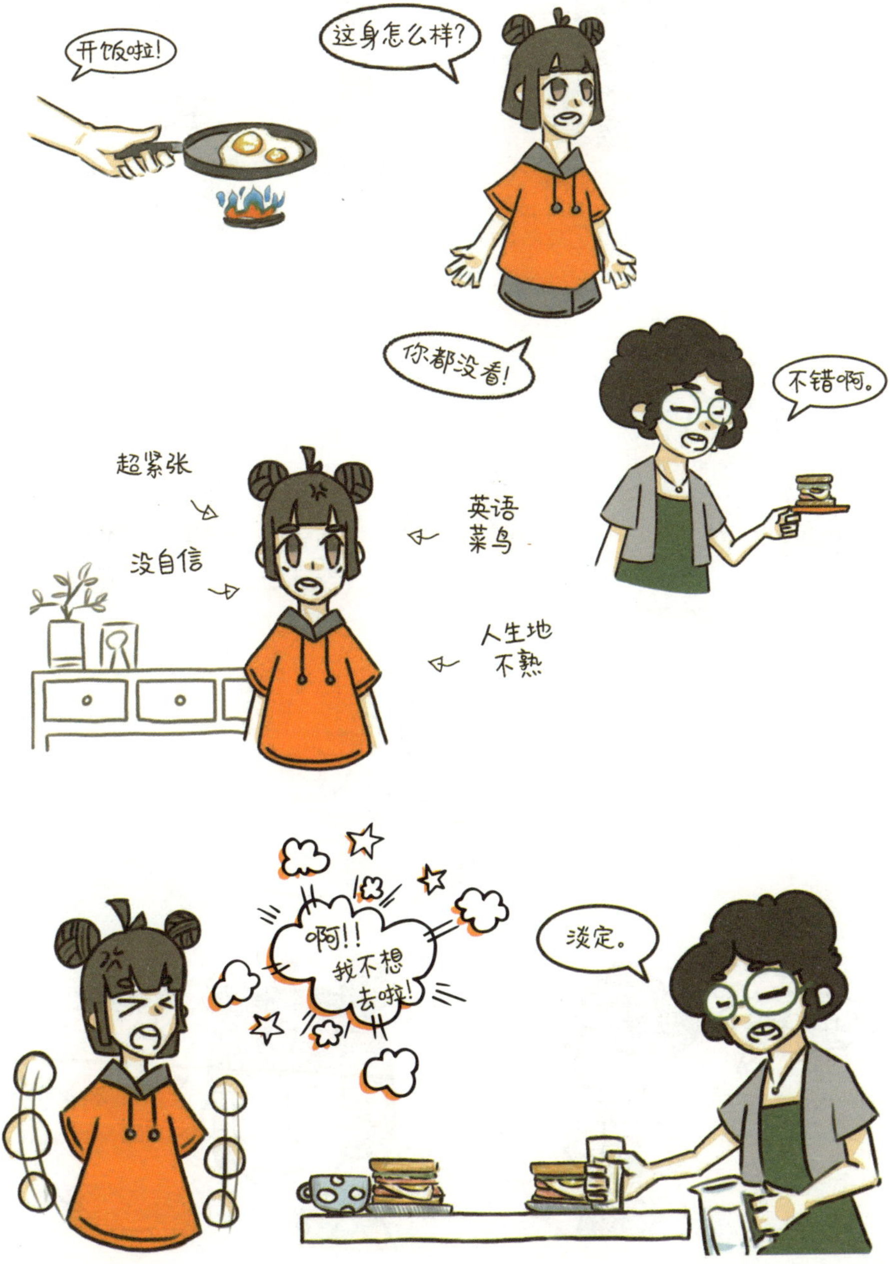

呼……要进去啦!

超紧张

门后的世界……

小

矮

土

我这是在火星上吗?

Mars

发什么呆啊?

放空中

拍照办 ID

领课程表

缴费

一个不愿意变成鸟人
的勇士（nùo fū）①

喂！
回来！

①：这是一种网络用语，一般括号中为实际要表达的意思。

8

铃铃铃!
ipad

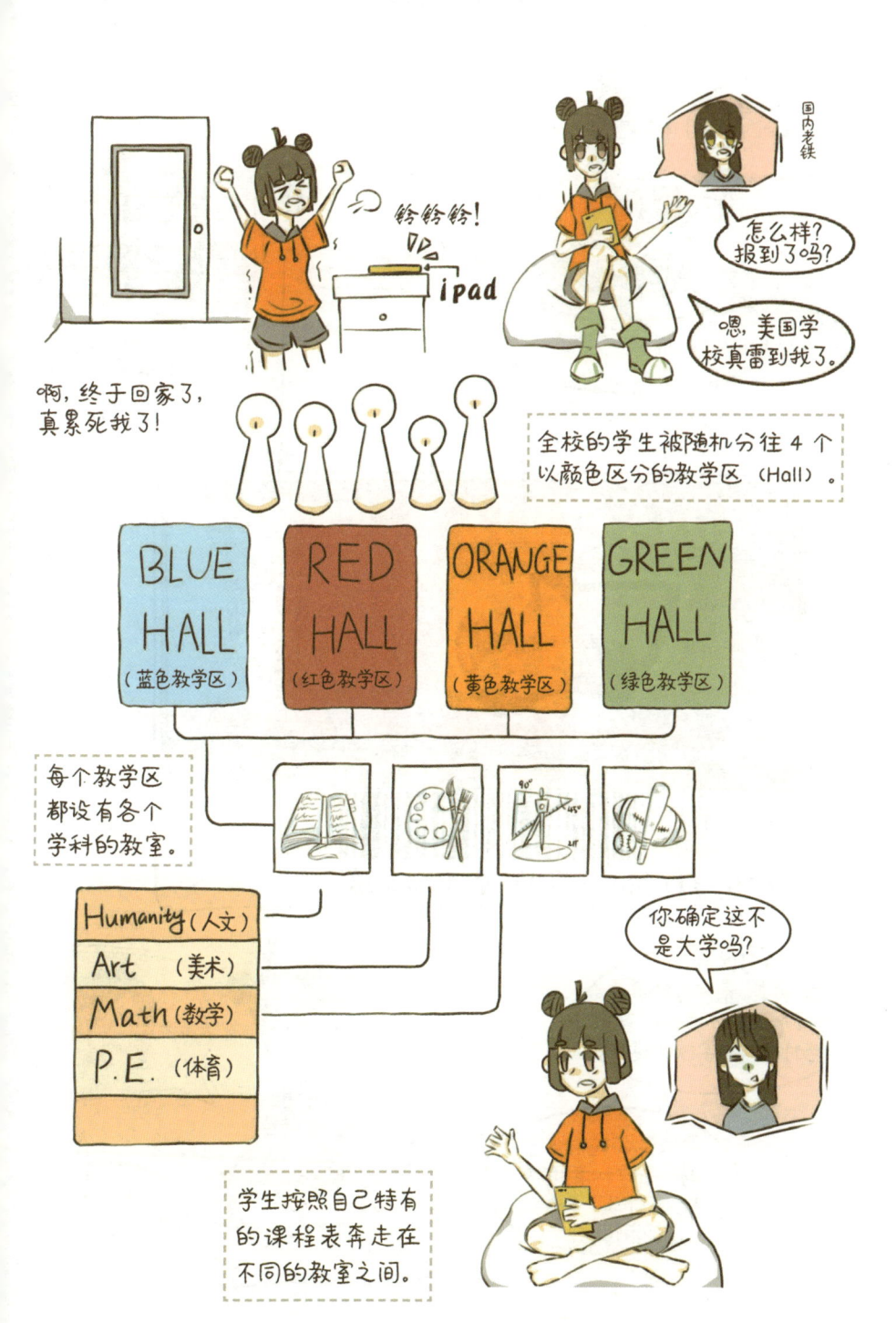

怎么样?报到了吗?

嗯,美国学校真雷到我了。

国内老铁

啊,终于回家了,真累死我了!

全校的学生被随机分往4个以颜色区分的教学区(Hall)。

BLUE HALL	RED HALL	ORANGE HALL	GREEN HALL
(蓝色教学区)	(红色教学区)	(黄色教学区)	(绿色教学区)

每个教学区都设有各个学科的教室。

- Humanity(人文)
- Art (美术)
- Math (数学)
- P.E. (体育)

你确定这不是大学吗?

学生按照自己特有的课程表奔走在不同的教室之间。

再给你看看我今天的战利品。
看！我的 ID。
有啥用？你照片好丑……
2015-2016
S Middle school
zhu jiahua 470720 Grade8
ID 可以用来买饭、买票，最重要的是在后面加上 bsd48.org，就可以当作个人的学校邮箱啦！
学校的邮箱非常重要，平时和老师联系、交作业、查成绩都用得到。
什么鬼?!

每个人都有自己的小橱柜(locker)

(名) First Name: Jiahua **(姓)** Last Name: Zhu

Grade: 8 | ID#: 470720 | Sex: F ♡

Locker Combination (橱柜密码): 11-0-22, #014

有些课是隔一天上一次的，并用A、B天来区分，比如A天上第一、第三、第五节课，B天上第二、第四、第六节课。

(课次) Period	Course (课程)	(教室) Room	(老师) Teacher
0	Humanity	O114	Jack Spa.
1	Humanity	O114	Jack Spa.
2	Science	O129	Will Turner
3	Math	O121	Elizabe
4	Enrichment	B227	D
5	PE	Gym	H
6	Drama	R110	Ti
7	Math	O129	E

Counselor (顾问): Syrena

Guardian (监护人): Ying Wu   #503-3

Home Address (住址): 13552 Blac

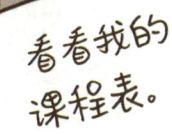

看看我的课程表。

每个同学都有一个顾问，在遇到问题的时候可以去咨询他。

11

12:00 PM
失眠

一会儿超期待……

鸟语灌耳

一会儿超担心……

啊！不管啦！车到山前必翻沟，船到桥头自然沉嘛！

喵 晴 Sunny

今天的日子叫"野猫日",因为这所学校的吉祥物是野猫,对于为何选了这么一个随意的吉祥物,我也表示很困惑!"野猫日"也就是我们国内的报到日,以往每个新学年的报到日我都超级激动,因为经过漫长的暑假终于可以与老铁们汇合了,那叫一个精神抖擞!但今天的我却忐忑不安,在新学校眼花缭乱又晕头转向地瞎逛了一圈,晚上回家后,又激动又焦虑的我,失眠了。以前,开学的日子就算无聊,总还有包新书皮的活动来打发时间,然而这里竟然不发

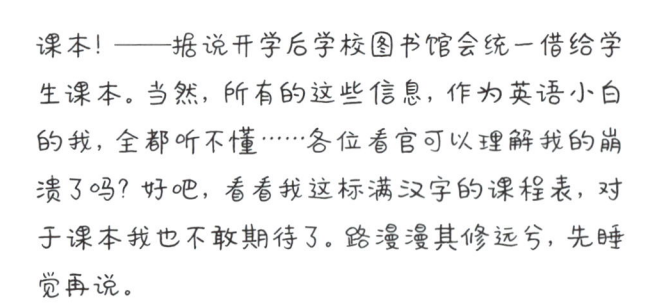

课本！——据说开学后学校图书馆会统一借给学生课本。当然，所有的这些信息，作为英语小白的我，全都听不懂……各位看官可以理解我的崩溃了吗？好吧，看看我这标满汉字的课程表，对于课本我也不敢期待了。路漫漫其修远兮，先睡觉再说。

喵儿独白

CHAPTER 2

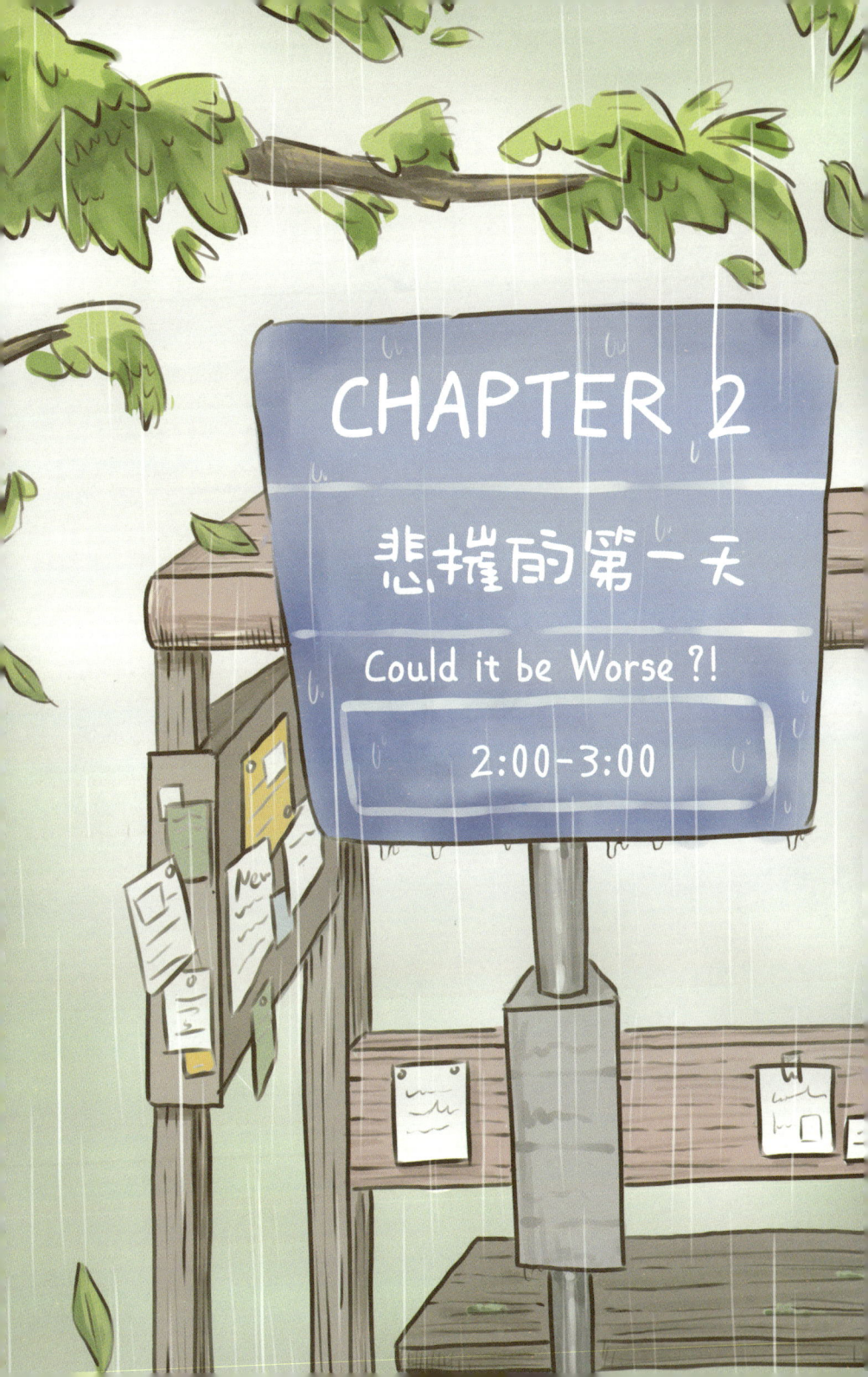

悲摧的第一天

Could it be Worse ?!

2:00-3:00

心累……

> 妈妈絮语

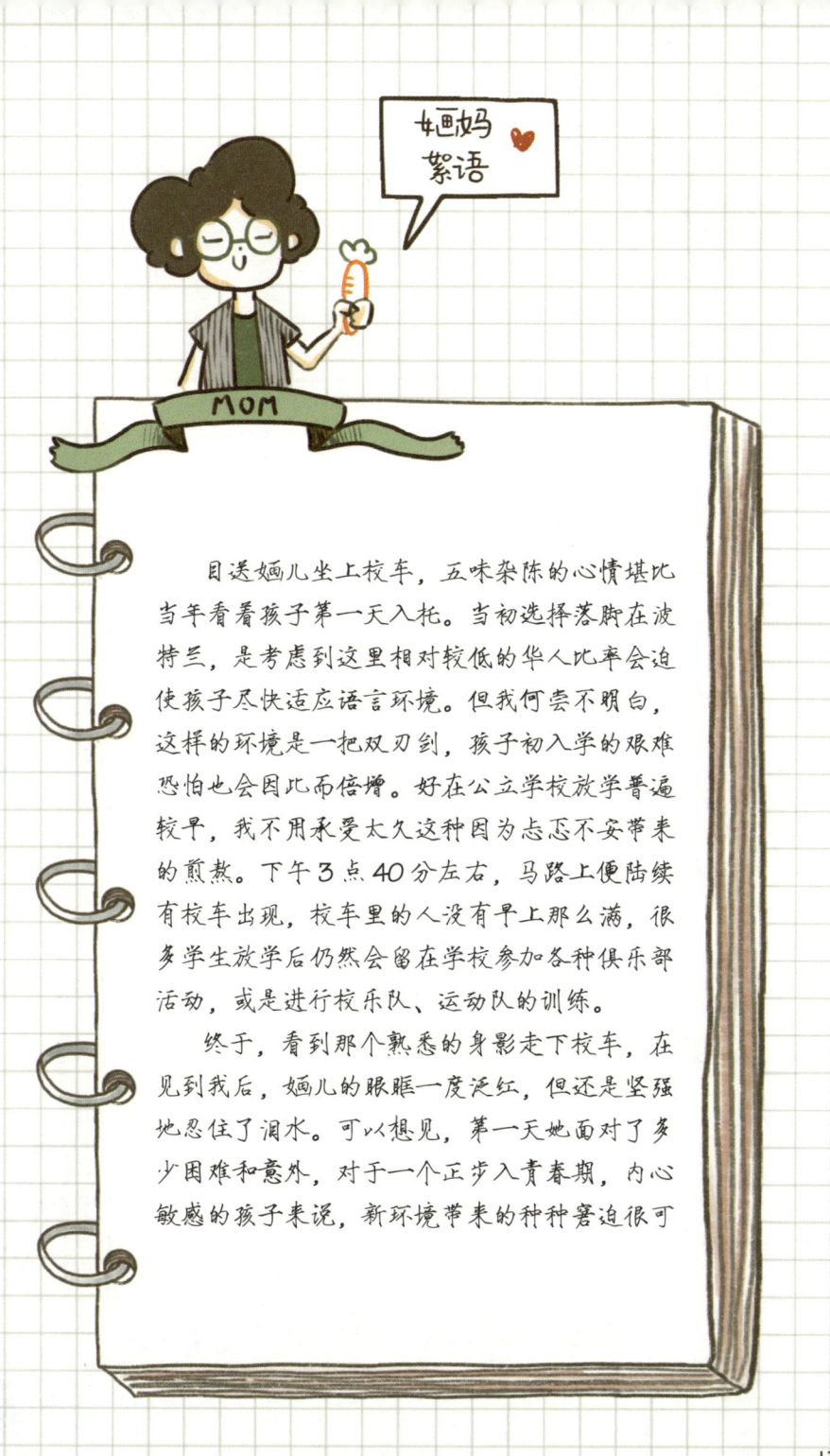

目送妲儿坐上校车，五味杂陈的心情堪比当年看着孩子第一天入托。当初选择落脚在波特兰，是考虑到这里相对较低的华人比率会迫使孩子尽快适应语言环境。但我何尝不明白，这样的环境是一把双刃剑，孩子初入学的艰难恐怕也会因此而倍增。好在公立学校放学普遍较早，我不用承受太久这种因为忐忑不安带来的煎熬。下午3点40分左右，马路上便陆续有校车出现，校车里的人没有早上那么满，很多学生放学后仍然会留在学校参加各种俱乐部活动，或是进行校乐队、运动队的训练。

终于，看到那个熟悉的身影走下校车，在见到我后，妲儿的眼眶一度泛红，但还是坚强地忍住了泪水。可以想见，第一天她面对了多少困难和意外，对于一个正步入青春期，内心敏感的孩子来说，新环境带来的种种窘迫很可

能让她难以释怀。但好在13岁已是心智渐趋成熟的年龄，在一个热情的拥抱和一顿丰盛的晚餐之后，婳儿的情绪慢慢回温，开始向我讲述自己在学校里的各种窘状。傍晚时分，经过一番委屈的倾诉和我的宽慰，婳儿的心情似乎释然多了。7点多，她拿出手机，开始整理、翻译白天拍的笔记和课堂作业。可以看出，课业虽然与国内不同，但难度并不大，相信渡过语言关后一切都会慢慢好起来的！

　　此时，我不禁有些后怕，如果当初把孩子放在寄宿家庭，而不是亲自陪在她身边，不知像今天这样的情绪她将如何平复？低龄留学，语言适应与情绪处理到底孰轻孰重真的很难简单排序。

校车君

开学第一天，激动100%！！

好久不见！

超想你们！

孤老~ 终生~

呜呜呜……
我想回家……

第一节 Humanity

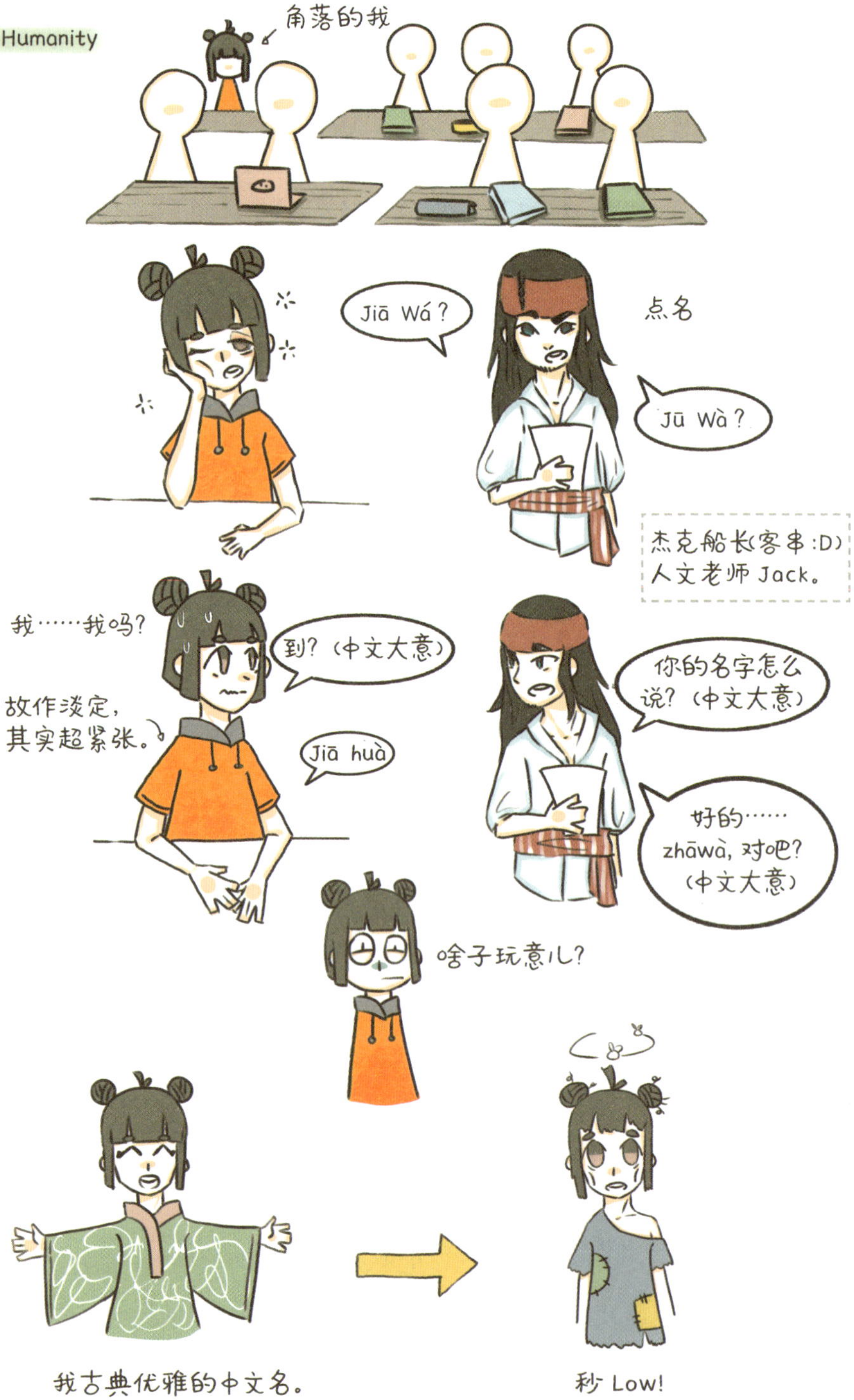

第二节
Math

错误! 0550

错误! 0118

错误! 0337

作为一只资深路痴，我终于在学校迷路了……

正确! 恭喜!! 0129

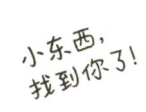

小东西，找到你了!

推

鸦雀无声

停

已经迟到了10分钟。

22

可是这反人类的橱子，在这么关键的时候竟然打不开了?!
哈哈!!
打不开吧!!
好疼 QAQ
呜呜呜……
我要回家……
10 分钟后……
抱歉，你在我的出勤表上，刚才没注意。(中文大意)
最后，这场闹剧终于以 Mrs. Swann 在出勤表上找到了我的照片结尾。

Miss×1
Miss×2
Miss×3
Miss×4
今天，我就像有超能力一样，避开了所有正确的教室和厕所……
找人问问？
尿急
请问哪里是Rest……（中文大意）
厕所=Rest……？？
难道是Restaurant？（餐厅）
哪里是Restaurant？（中文大意）
啥？（中文大意）
xxx，第三餐很快就开始了xxx等几分钟xxx。（中文大意）
PS.中午学校分3个时间段开饭。

放学

144
Stop
终于放学啦！
应该不会再出错了吧？
Stop
没有 144 啊？
144
请问 144
在哪里？
（中文大意）
166 在那里。
（中文大意）
144=166
??!!
老外连数字
都和我们不同？
计划
1. 起英文名
（再见了，陪伴了
我12年的中文名）。
2. 睡一大觉！
（快累死了）

K.O. 雨 Rainy

卫媳妇终于等到了见公婆的这一天（尽管从年龄和颜值上来说，这个比喻有些不恰当，但是此刻独有这一句话最可以表达我的无奈和不安）。当我登上校车，回头看到老妈那强装镇定的笑脸时，心头突然涌起一股"风萧萧兮易水寒，壮士一去兮不复还"的悲壮感。

一整天跌跌撞撞、起起落落，紧张到没有时间脆弱。终于熬到下午，坐上了回程的校车，才有空细细回忆

这一天发生的所有事情。今天是我13年人生中最无助、最丢脸的一天,没有之一!我甚至开始怀疑我在初一期末英语考试拿的那个满分是不是一场梦?这些年的英语听力和口语教育难道都是些摆设?!好吧,我承认,我路痴的本性也使今天的遭遇雪上加霜。

  这一天虽然遍体鳞伤,但本壮士总算还是回来了。即使在打不开储物柜,进不了数学教室那最绝望的时刻,我也没有情绪失控到飙泪。诸位看官若问我

有何秘诀，我会俗套地说，这得益于老妈曾给我讲过的一个关于所罗门王的寓言故事，故事细节不再一一赘述，其中心思想是：世间有一句最有用的话——"这也终将过去"。诸位细细体会，自会了解它的深意。哈哈，励志吧？拿走不谢哈！

蛔儿独白

CHAPTER 3

意外的升级

Algebra One

2:00-3:00

♡ 开心 ♡

> 妈妈絮语 ♥

MOM

    对于美国中小学的教育，国内普遍的认知是：功课简单，以玩儿为主。经历妞儿莫名其妙的数学升级后，这个论调似乎得到了进一步的证实。然而，在与这里的家长们深入交流后，我惊讶地发现，事实并非这么简单。看似轻松的美国教育体制，竞争的暗潮也是汹涌澎湃的。

    首先，美国公立教育系统有一套完备的"天才教育计划"（Gifted and Talented Program）。自小学甚至幼儿园起，孩子们便可在老师的推荐下参加选拔考试，进入"天才班"。根据各州的教育规则，参加天才计划的孩子或是学习与普通教育不同的课程，或是课程内容相同但进度超前，有些家长为了孩子能在选拔考试中脱颖而出，纷纷求助课外辅导机构。另外还有一种"高成就班"（High achieving），也是属于天才班的性质，唯一不同的是孩子每年都需要参加考核，不合格的会被清退，竞争相当残酷。

    其次，教学科目的难度设有不同的级别，

呜呜呜……　　不要丢下我。

学生可以根据自己的能力选择级别更高的课程。比如大多数州的中学及高中数学有以下这几个级别：代数1(Algebra 1)、几何(Geometry)、代数2与三角学(Algebra 2 & Trigonometry 也叫作 Advanced Algebra 2)、微积分入门(Pre-Calculus)、微积分(Calculus)、AP微积分AB(AP Calculus AB)、AP微积分BC(AP Calculus BC)、AP统计学(AP Statistics)。AP就是Advanced Placement的缩写，是美国大学委员会在高中设立的大学预修课程。有些学习能力强的孩子，在中学修习本校开设的课程的同时，又通过参加夏校或者利用业余时间去社区大学学习，修习更高级别的课程，这样一进入高中便可以选修AP课了。

　　修习AP课，除了出于对知识的深度渴求以外，大多数高中生也是为了有利于升学。每成功修习一门AP课，不仅可以提高平均成绩(GPA)大约0.1分，还可以向未来的大学招生老师展示自己挑战学术难度的潜力和信心。如果参加全国AP统考的成绩优异，在进入大学之后，就可能抵免这门课3~6分的学分(每所大学的规定不同)，这

样不仅在一定程度上减轻了大学期间的学习压力，还降低了未来的学习成本——在大学修一个学分的成本在1 000美元左右，高中成功修完一门AP课，意味着可能节约3 000~6 000美元的学费。与AP课程相似的还有IB课程（International Baccalaureate Diploma Program 国际文凭大学预科课程），但IB课程还有另外一个优势，即学分可以得到美国以外一些国际大学的承认。

对于追求卓越的学生来说，学无止境是美国高中阶段学习生活的真实写照。这些对自己要求较高的孩子不仅要在课业上努力，还要在社会活动、体育运动、才艺训练等多方面培养自己的能力，如此多头兼顾，面对的压力可想而知。

对于这些稍显残酷的现实，嫡儿还知之甚少。所幸目前她还是中学生，尚有一年的适应期。一旦进入高中，便开始了"分分计较"的阶段，每一门课的小测验、各阶段考试的成绩都会被记录，用以核算平均分（GPA），这是美国大学招生最关键的学业指标之一。此时唯有暗自庆幸，当初决定让嫡儿在8年级赴美留学实在是一个明智的选择。虽然目前数学的级别不高，但无论如何这次意外的升级对提振她开学初期的士气是很有帮助的。

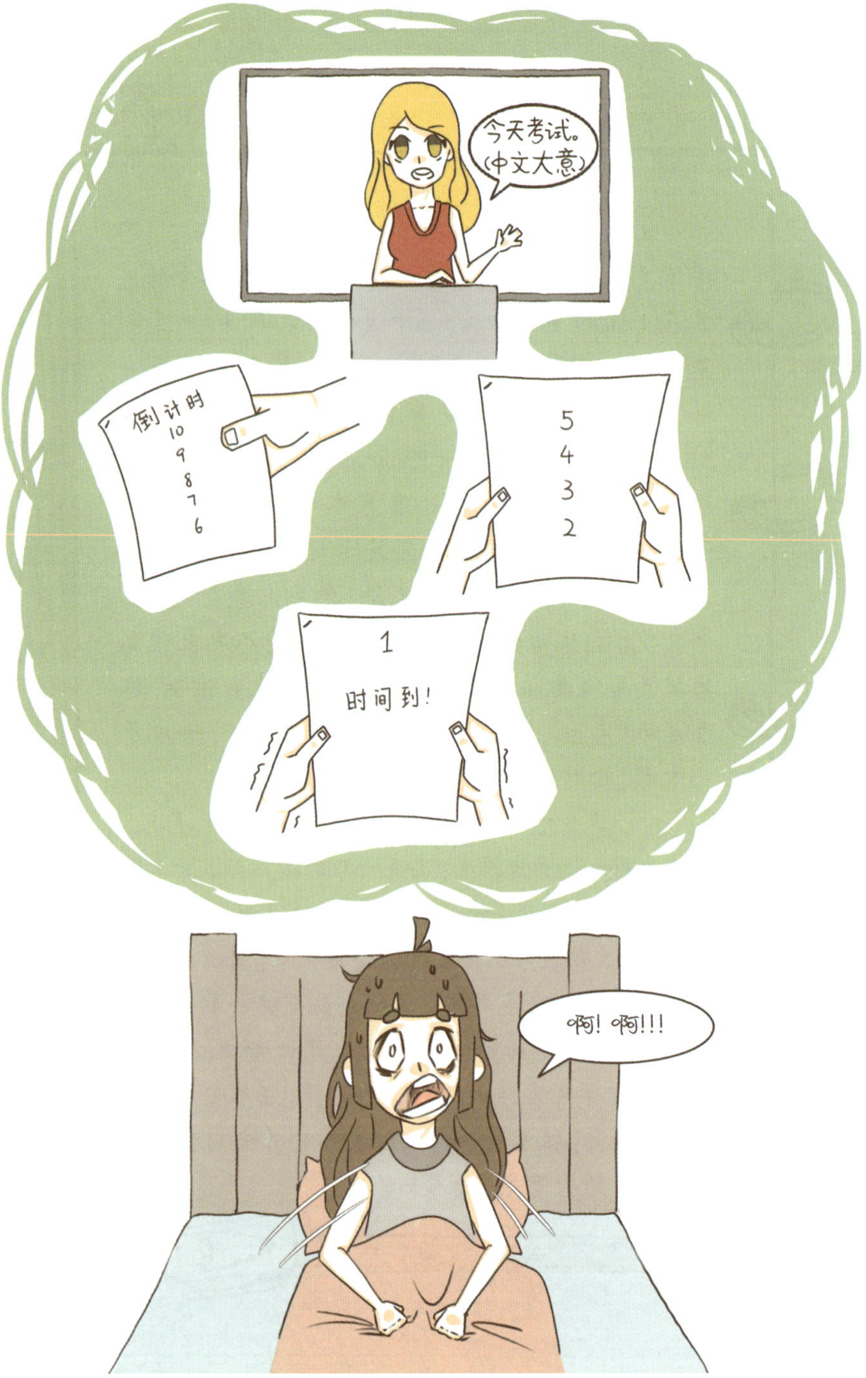
今天考试。
(中文大意)
倒计时
10
9
8
7
6
5
4
3
2
1
时间到！
啊！啊!!!

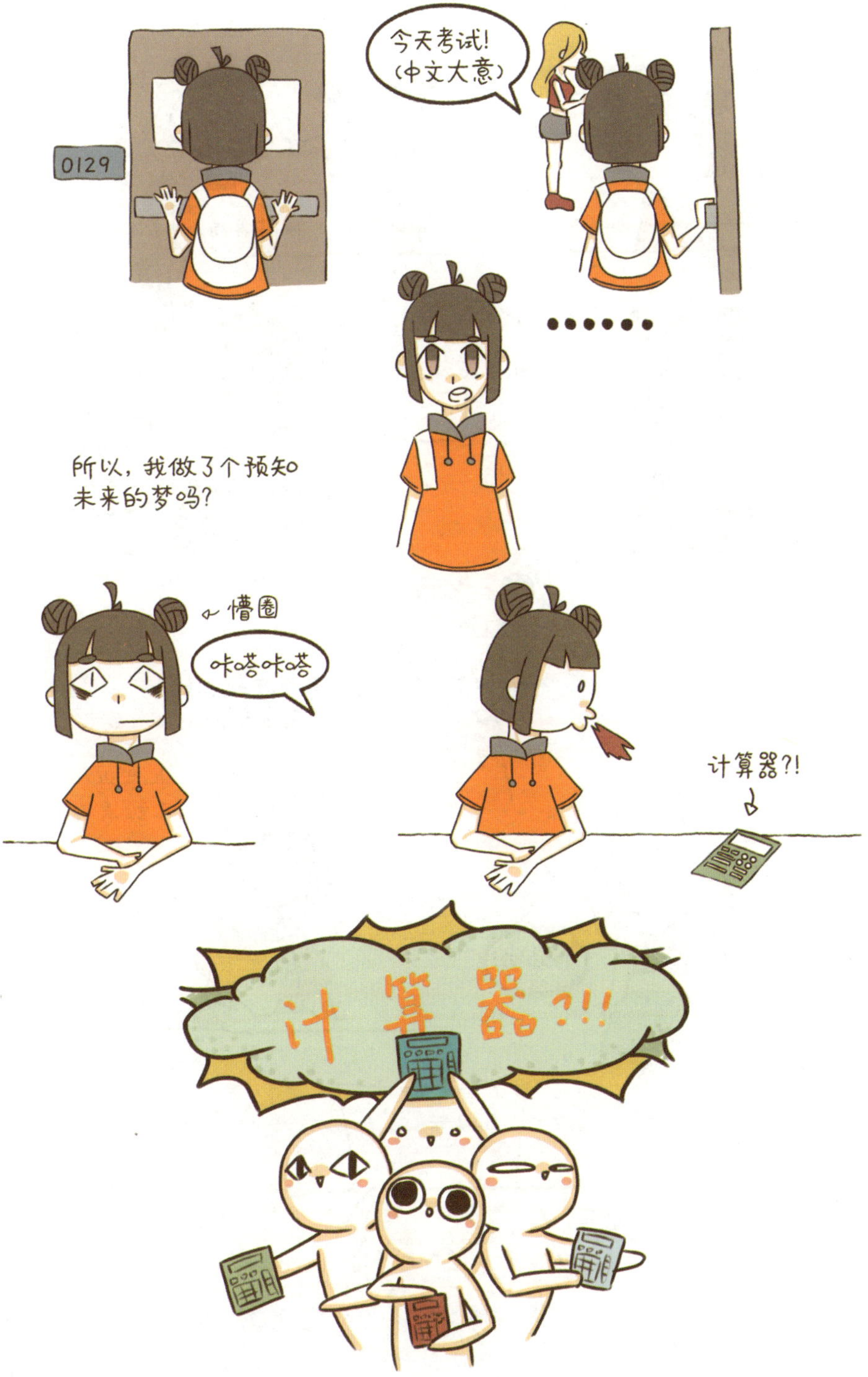
0129
今天考试!
(中文大意)
……
所以,我做了个预知未来的梦吗?
懵圈
咔嗒咔嗒
计算器?!
计算器?!!

这是集体作弊吗？
妖妖灵？
一箱计算器
吓！
拍！
你XXX计算器我有XXX。（中文大意）
是借给我计算器吗？
……谢谢。（中文大意）
难道要考那种超难的，需要计算器的题？
加油哦！
呜呜呜……不敢看啊！
卷子君
(1) x+2/5=
(2) 3−x/2=
(3) 1/3(x+1) =
(4) 1/4(x+1) =
什么鬼?!
一元一次方程?!

小菜一碟啊！
跃跃欲试
Mary can XX aXXX in 12 hours. If Nancy helps, it takes XXX 2 hours. XXXX help, how XXX would it take Nancy to the XXX job ?
Sara takes six hours to XXXXXXX It takes Joan XX hours to XXX this job. How would it take if XXX worked together?
……
应用题？！
完全看不懂啊！
我初一英语都学了啥啊！！
妈妈……
我觉得我要留级了。

第二天
Vivian，跟我来。（中文大意）
死定啦！
呜呜呜，肯定是因为那张白卷！
我的未来
恭喜！XXX 你升级啦！XXX 去上 Algebra IXXX。（中文大意）
升……升级啦?!
大悲大喜

妈妈!
吓!
我升级啦! 不用再上 Math8 啦!
淡定。
太棒啦! 可你不是交了白卷吗?
嗯……
我也不知道……
好像是因为我的一元一次方程都对了，而且后面的应用题也都是一元一次方程的。
就这样，我恍恍惚惚地从Math8 升级到了 Algebra 1……

NO.1 ☀ 晴 sunny

　　开学没几天，意外一个接一个，让我恍惚觉得像玩打怪升级的游戏，只是各种"流血又流泪"的"献祭"之后，游戏难度系数好像自动降低了。

　　第一次数学考试时我的文字题几乎都没做，看着空着大半的卷子，一种被语言这个"妖怪"逼入绝境的愤懑和惨烈感萦绕心头，挥之不去。然而，正当本姑娘貌似强大，实则脆弱的小心灵被人生第一个不及格带来的羞愧感深深折磨着时，剧情突然大反转——我升级了！当我收拾书包走出"数学8"教室时，第一次扬起了高傲的头颅，那呆头呆脑找不到教室的慌张，那被提问后张口结舌顶着一张大红脸的尴尬，那形单影只独自坐在角落里的孤独，都被重重地甩在了背后。

　　哼！姑娘我并不是你们以为的呆头鹅，我只是还没学会"野猫语"而已。这不，我已经开始努力学了，"喵喵……"

婳儿独白

CHAPTER 4

第一个难友

Best Friend Forever

2:00-3:00

爷有朋友！

妈妈絮语

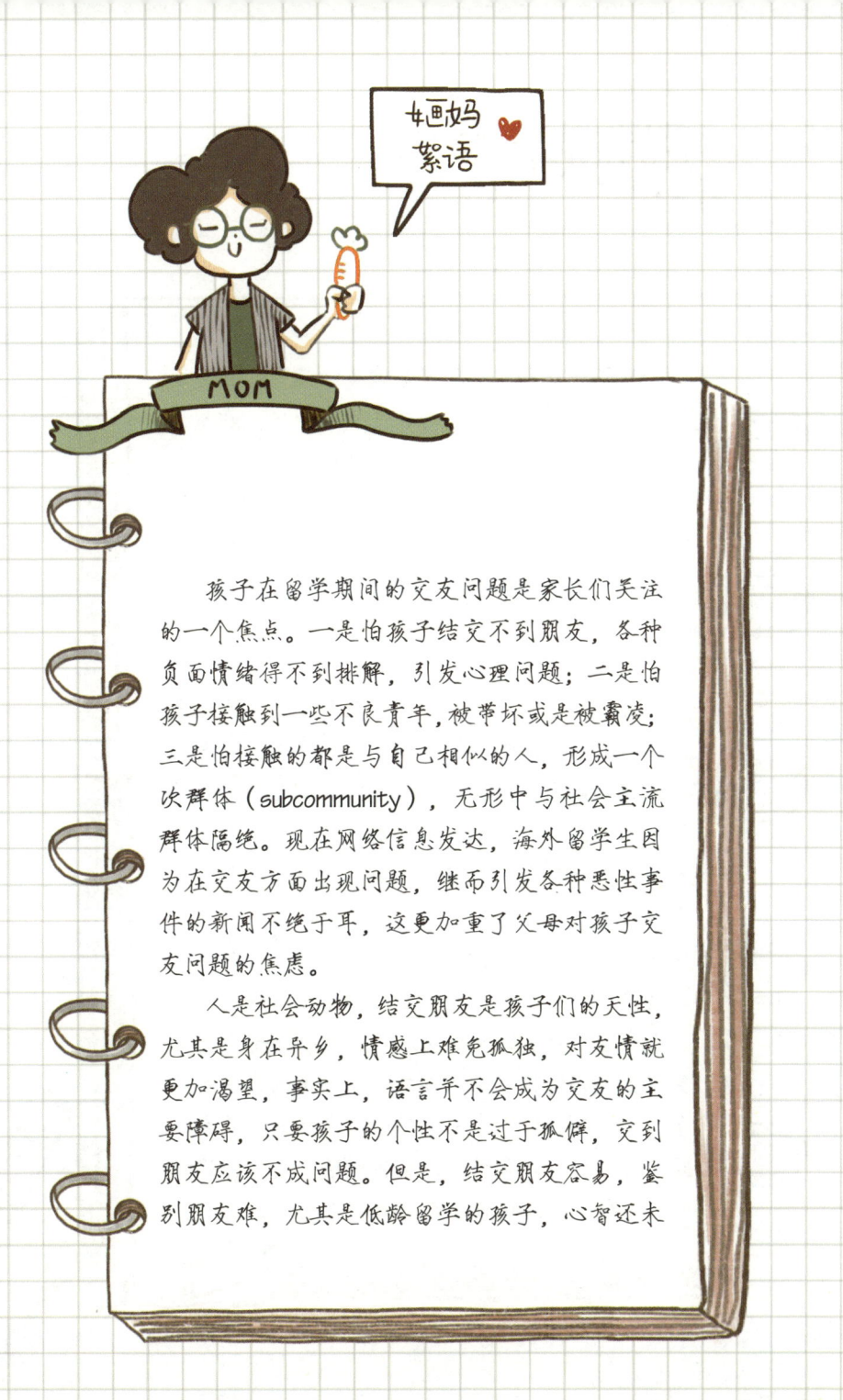

　　孩子在留学期间的交友问题是家长们关注的一个焦点。一是怕孩子结交不到朋友，各种负面情绪得不到排解，引发心理问题；二是怕孩子接触到一些不良青年，被带坏或是被霸凌；三是怕接触的都是与自己相似的人，形成一个次群体（subcommunity），无形中与社会主流群体隔绝。现在网络信息发达，海外留学生因为在交友方面出现问题，继而引发各种恶性事件的新闻不绝于耳，这更加重了父母对孩子交友问题的焦虑。

　　人是社会动物，结交朋友是孩子们的天性，尤其是身在异乡，情感上难免孤独，对友情就更加渴望。事实上，语言并不会成为交友的主要障碍，只要孩子的个性不是过于孤僻，交到朋友应该不成问题。但是，结交朋友容易，鉴别朋友难，尤其是低龄留学的孩子，心智还未

完全成熟，难免"近朱者赤近墨者黑"。在对朋友的选择上，原生家庭的教育影响深远，在孩子留学前，家长应该做好相关的功课。如果不能亲自在海外陪伴、引导孩子，家长们便要对选择的学校及环境慎之又慎，并密切关注孩子的交友情况及他们的情绪变化。至于形成次群体的问题，我倒觉得不必过于苛责，初来乍到难以一步到位，有一个过渡期是很自然的过程。已经有科学家证明，人类容易对与自己外形相似的人产生亲近感，更何况这些人还有着相似的背景、语言和文化呢？最近，一位华人朋友跟我讲了一个非常有趣的小故事：多年前，她两岁的女儿在波特兰入托，当时孩子只会说一点简单的汉语，朋友非常担心女儿会不适应。结果孩子第一周便与班上除她以外的唯一亚裔——一个只会说越南语的小姑娘打得火热，两人的友谊一直维持到小学。在本地出生的 ABC（American Born Chinese，指在美国出生的华裔）尚且如此，更何况初来乍到的留学生呢？相信我们的孩子经过几年的过渡期，随着语言的不断熟练和对周围环境、文化的逐步了解，融入主流的社会群体是迟早的事。

曾经呼朋唤友。

现在形影相吊。

自此开始了我潇洒的独行侠生活。

钟爱教室角落。

独享一人小组。

细品独座午餐。QAQ

也尝试过和别人交流……
@#*+-《
!?~#%*-
犹豫不决
打扰一下……
（中文大意）
@#*+-《
!?~#%*-
没听见
打扰……
（中文大意）
再试一次
@#*+-《
!?~#%*-
又没听见
呜呜呜，他们英语
好棒，超自卑。
呜呜呜，没人理我……
呜呜呜，好丢人啊……
呜呜呜，我想回家……

孤独 girl
emmm
吓
Hi, Vivian 给你介绍个朋友。(中文大意)
你好啊!(中文大意)
这是 Taylor,XXX 朋友,XXX 帮助你 XX。(中文大意)
你那天找到食堂了吗?(中文大意)
是她!
请见 Chapter2
内心 OS,
NO

然而雪中送炭的友谊，让我欣然放下了面子。
向右转1圈，向左转2圈，然后再向右转1圈。（中文大意）
曲奇赞哦！（中文大意）
我就是这意思。（中文大意）
明白！（中文大意）
有朋友真是太棒啦！

但有时觉得，我还真是 Taylor 的包袱啊……
Taylor，和我们去吃饭吧。（中文大意）
不了，VivianXXX。（中文大意）
Taylor 受老师之托一直陪着我。
（Taylor 的手语）
可手语加翻译器怎么能深度交流呢？
Blablabla
Blablabla
Blablabla
偶尔 Taylor 一开心说多了……
哈哈……
我也只能用国际语言来回答。QAQ
我还真是个称职的包袱啊！

某一节体育课上

于是我们两个英语奇差的人顺理成章地成了朋友。

我们的日常:
鸡同鸭讲。

从此我和 Ayana 不打不相识,建立了深厚的革命友谊!

晴 sunny

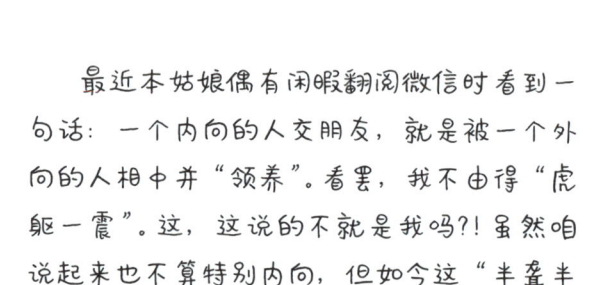

　　最近本姑娘偶有闲暇翻阅微信时看到一句话：一个内向的人交朋友，就是被一个外向的人相中并"领养"。看罢，我不由得"虎躯一震"。这，这说的不就是我吗？！虽然咱说起来也不算特别内向，但如今这"半聋半哑"的状态，实在是需要一个"重口味"的朋友来"认领"啊！
　　然而，在与亲爱的日本朋友迅速交好后，我也暗自反省：看来语言并不能成为交朋友的障碍，禁锢自己的其实只是过于高傲的自尊罢了。

姻儿独白

CHAPTER 5

找到组织啦!!

♡ Love ELD ♡

2:00-3:00

恋爱的感觉

妈妈絮语

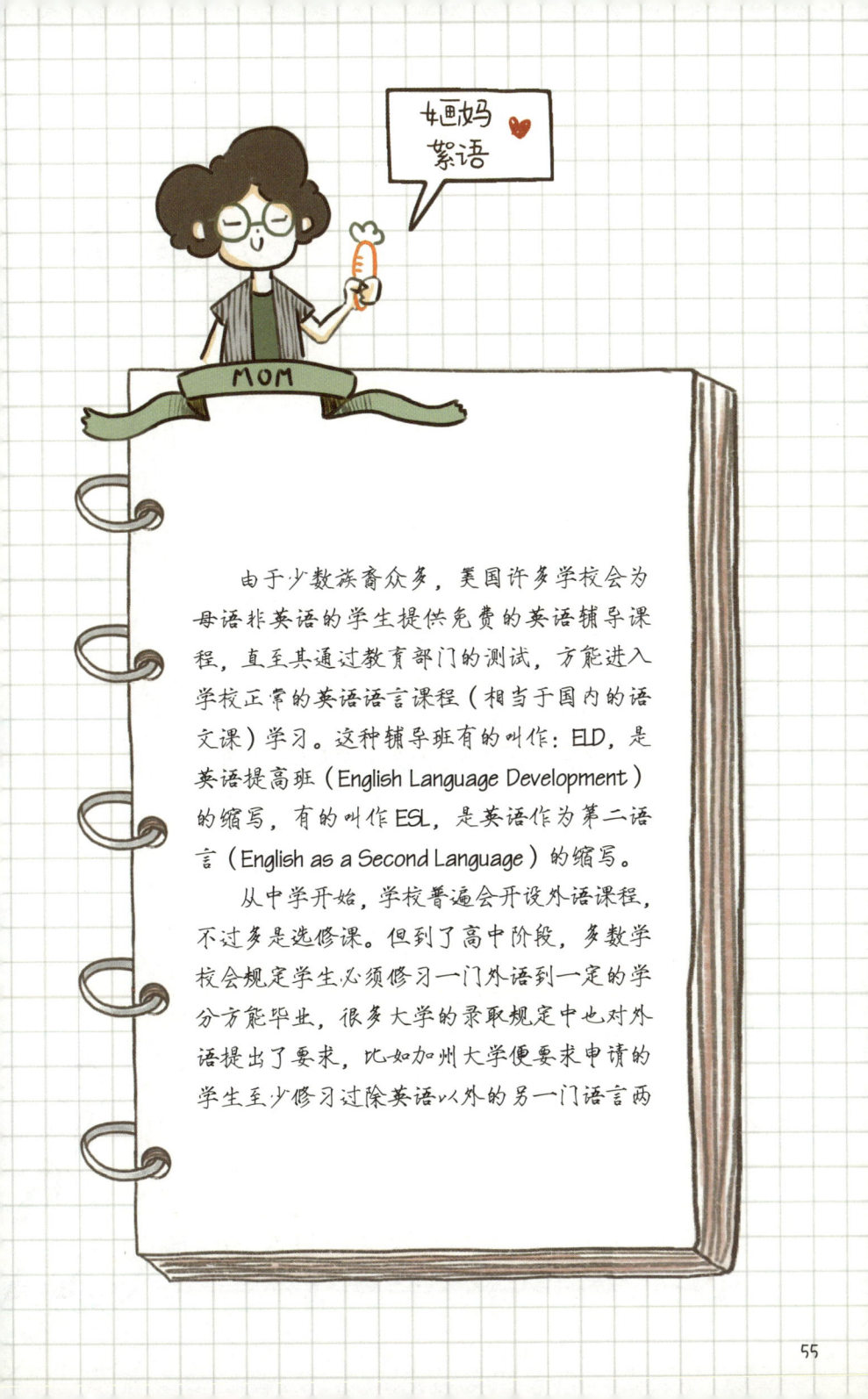

MOM

　　由于少数族裔众多，美国许多学校会为母语非英语的学生提供免费的英语辅导课程，直至其通过教育部门的测试，方能进入学校正常的英语语言课程（相当于国内的语文课）学习。这种辅导班有的叫作：ELD，是英语提高班（English Language Development）的缩写，有的叫作ESL，是英语作为第二语言（English as a Second Language）的缩写。

　　从中学开始，学校普遍会开设外语课程，不过多是选修课。但到了高中阶段，多数学校会规定学生必须修习一门外语到一定的学分方能毕业，很多大学的录取规定中也对外语提出了要求，比如加州大学便要求申请的学生至少修习过除英语以外的另一门语言两

个学年。许多家长也许会问，孩子来自中国，我们的母语中文不可以作为一门外语吗？很可惜，学校开设中文作为外语课程的现象并不普遍，这主要与华人在当地的人口比率以及教学成本有关。在波特兰曾经有一所中学开设过中文课，但因为修习的学生不多，没几年便停课了。而由于西班牙裔在美国人口众多，许多行业尤其是服务业对西班牙语员工有较大的需求，故而学生选修西班牙语是主流。

所以，小留学生们在学习其他科目的同时应该集中精力提高英语水平，尽快从ELD或ESL班毕业。因为这将影响其第二外语的修习，进而影响未来大学的申请。

开学前

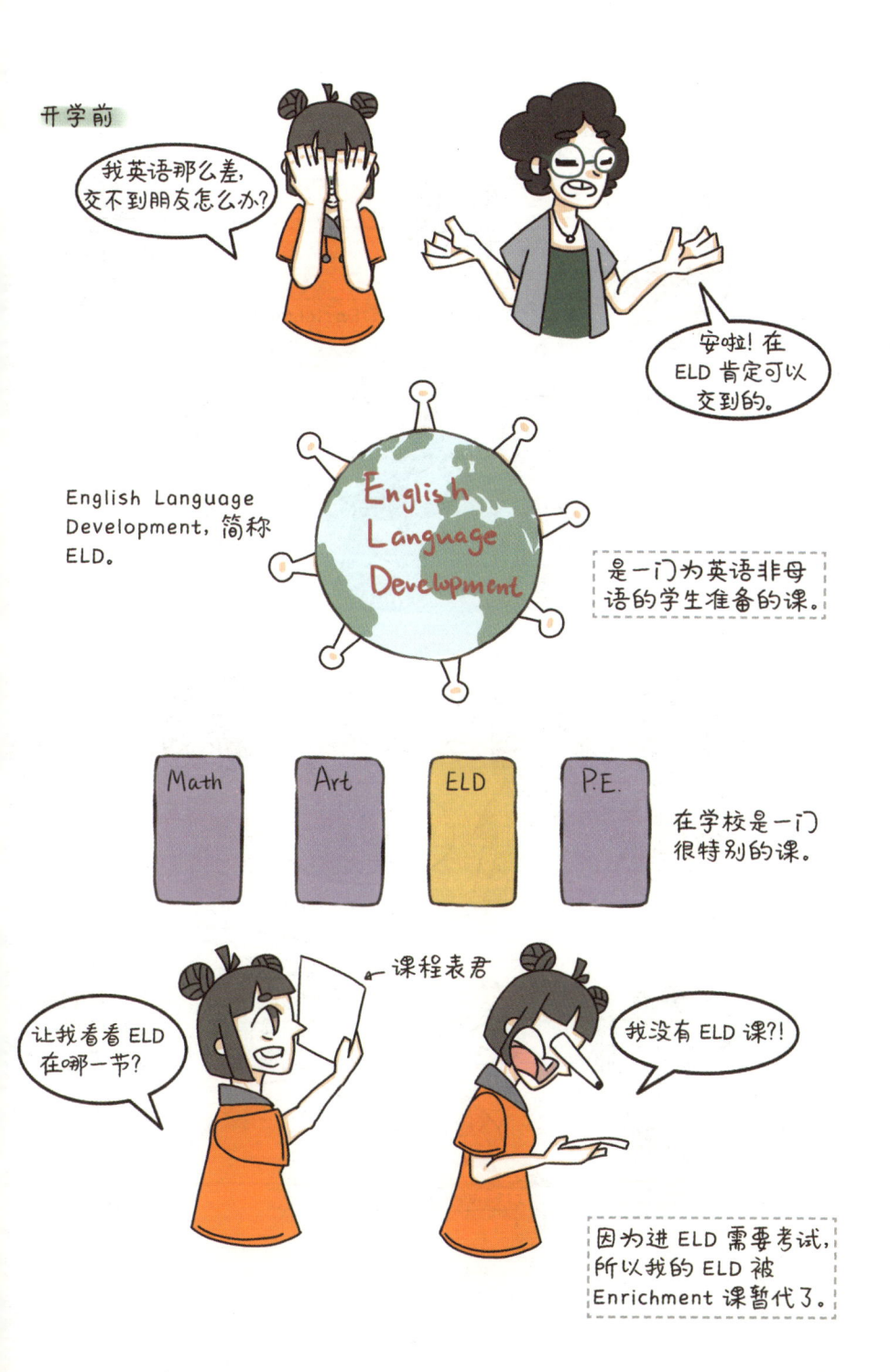

我英语那么差，交不到朋友怎么办？

安啦！在 ELD 肯定可以交到的。

English Language Development，简称 ELD。

是一门为英语非母语的学生准备的课。

| Math | Art | ELD | P.E. |

在学校是一门很特别的课。

← 课程表君

让我看看 ELD 在哪一节？

我没有 ELD 课?!

因为进 ELD 需要考试，所以我的 ELD 被 Enrichment 课暂代了。

哼！去就去！
地狱
然而我不知道 Enrichment 是中学的语文课。
Enrichment 课上
英语的巨人
英语的矮子
上 Enrichment 两周后……
我排上 ELD 课啦！
恭喜……（中文大意）
什么!!! 你排上课了？（中文大意）
我什么时候才能上 ELD？（中文大意）
你需要先参加摸底考试，但你是名单里的最后一个，因为你的姓的首字母“Z”是最后一个字母，所以应该还要等等……（中文大意）
Counselor 辅导员

某节 Enrichment

Part 1: 单词
belt
house
horse
cup
bread
boots
Cool!!
So Easy!!
Part 2: 语法
1. It snows here.
2. It is snowing here.
a. This is a cold place.
b. Look at that.
1. I'm writing a story.
2. I write short stories.
a. I'm not a novelist.
b. I'm going to finish it soon.
Kidding?!
什么鬼?!
Part3: 听力
(D) Their favorite cities
What does the ma
智障!!这不得考0分啊!!
不对啊!考得差才能进ELD啊!

61

ELD 的好处

TENSE !!(时态)
• Present tense (现在时)
• Future tense (将来时)
• Past tense (过去时)
1. 上课内容绝对能懂且实用。
@ + «%!
@ + «%!
??
??
2. 和同学交流时轻松无压力(因为大家英语一样差)。
明天上 ELD!
下节课是 ELD!
3. 提供 100% 的上学动力!

而且对于我来说，
上 ELD 课 = 见到 Alex。

Alex

PS. 这是一个笑话。

不管怎样，ELD 绝对
是我在这陌生星球上
一个温暖的家。

ELD　阴 Cloudy.

　　有时候真的对老爸有意见，为啥要让我姓朱！从小本姑娘就被一众没有文化的小屁孩儿叫成某种肥胖的生物。本以为来了美国终于可以摆脱这尴尬姓氏的困扰了，没想到它又以另外一种形式开始折磨我。比如进入ELD班的考试顺序是按照学生姓氏首字母在英文字母表中的排序来进行的，这直接导致我在英语课里比别人多受了数倍的折磨才被拯救进ELD班。

　　ELD课的教学非常轻松，真正是寓教于乐，很多时候让姑娘我有一种重回幼儿园的错觉，再加上同学们来自世界各地，英文水平都捉襟见肘时，大家鸡同鸭讲的状态也颇有幼儿园小朋友的呆萌感。最神奇的是我们ELD老师的谜之听力，无论谁说的发音奇怪、断句混乱、语法错误的句子，他居然都能领会其要旨，实在是让我佩服得五体投地。总之，ELD班是目前最让我有归属感的集体啦！

婳儿独白

CHAPTER 6

菜鸟月度之星

Student of the Month

2:00-3:00

天啦噜！

> 妈妈絮语

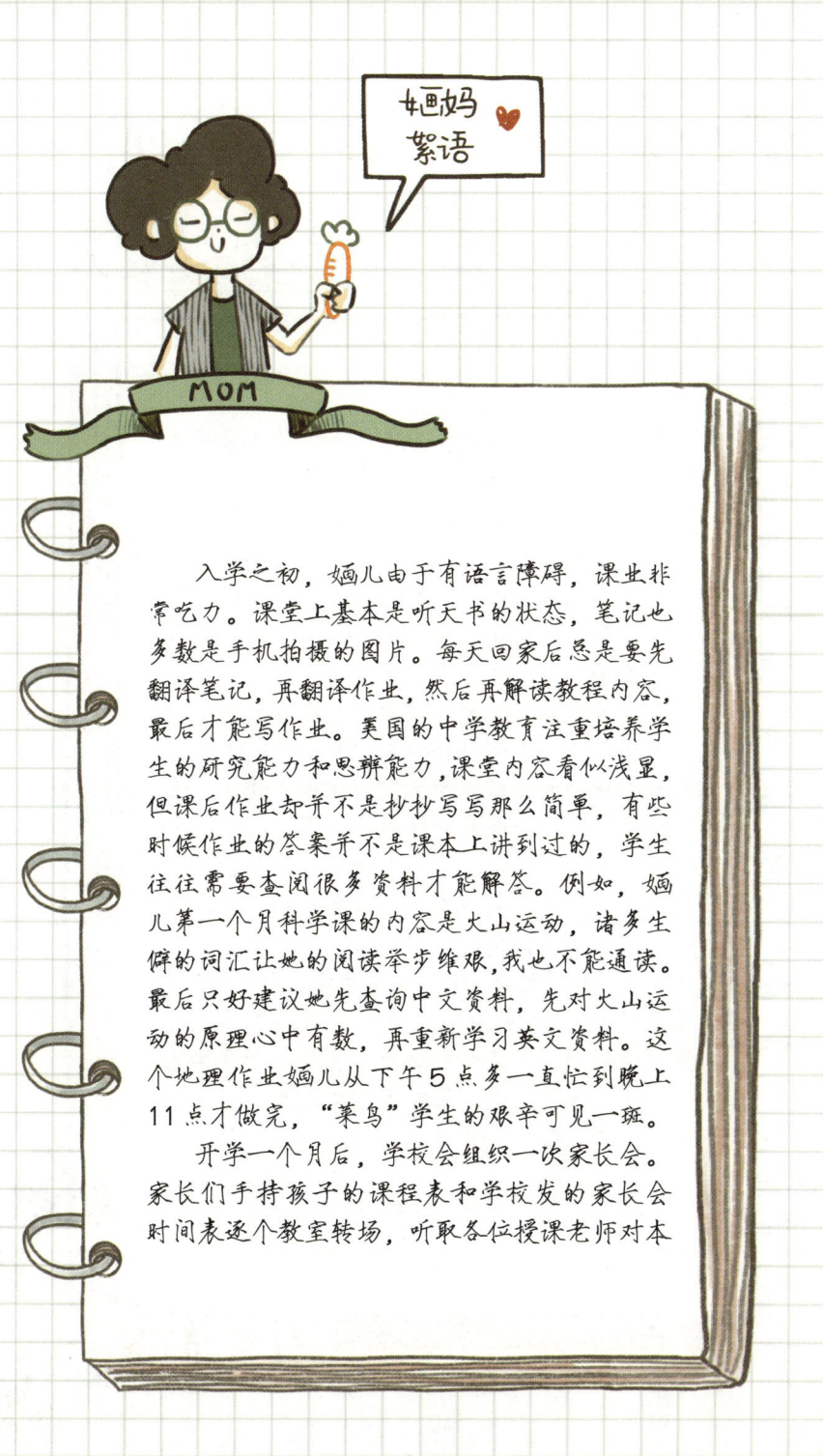

入学之初，婳儿由于有语言障碍，课业非常吃力。课堂上基本是听天书的状态，笔记也多数是手机拍摄的图片。每天回家后总是要先翻译笔记，再翻译作业，然后再解读教程内容，最后才能写作业。美国的中学教育注重培养学生的研究能力和思辨能力，课堂内容看似浅显，但课后作业却并不是抄抄写写那么简单，有些时候作业的答案并不是课本上讲到过的，学生往往需要查阅很多资料才能解答。例如，婳儿第一个月科学课的内容是火山运动，诸多生僻的词汇让她的阅读举步维艰，我也不能通读。最后只好建议她先查询中文资料，先对火山运动的原理心中有数，再重新学习英文资料。这个地理作业婳儿从下午5点多一直忙到晚上11点才做完，"菜鸟"学生的艰辛可见一斑。

开学一个月后，学校会组织一次家长会。家长们手持孩子的课程表和学校发的家长会时间表逐个教室转场，听取各位授课老师对本

学期教学计划的陈述，以及对每位学生表现的介绍。早就听说美国奉行褒扬教育，大多数时候，老师对孩子的评价都是五花八门的赞扬，顶多会有一点建议，鲜有贬抑之辞。第一次家长会，我在一个多小时里跑遍了婳儿平时上课的所有教室，在每个教室大约停留10分钟与老师会面。由于近年来波特兰的移民人口增长过快，公立学校大都在教学楼外建有可移动的简易建筑（Portable house），用以解决学生人数大量增加的问题。学生们的课楼上楼下、楼内楼外都有，短暂的课间时间既要往返于各个教室又要抽空去洗手间，十分紧张。各科老师对婳儿的评价也都是各种"溢美之词"，因为早有心理准备，我也没有特别当真。

　　出人意料的是，婳儿居然被评为学校的"月度之星"，老师们如此厚爱，我想也是出于对新生的鼓励，但又想到这一个月来孩子在学业上的诸多努力，这个荣誉也受之无愧，至少对孩子树立自信非常有利！

就在刚才……

Student VUE
查询成绩软件

School Information(学校信息)
School Website(学校网站)
Report Card(成绩单)
Documents(文件)

咽口水

Information
Website
Card
ents

一片光明

Math	A
Humanity	B
Science	A
ELD	A
PE	A

哇！我还以为都是C和D！

哈哈！我成绩单上好多A！
Ann
我在美国的第一个华人朋友，热情奔放，假小子一个。
咋啦？这么高兴。
哟！不错啊！
不过老师按什么标准打分是个学问！
学问个屁！
就是算每一个单元的平均分，再用它们算总平均分(GPA)！
然后再用GPA分级：3.4～4.0分是A；2.4 ～3.3分是B；1.4～2.3分是C；1.0-1.3是D；1分以下是F。
Humanity（人文）：B
Learning Targets（单元）
Communication（表达） 3
Using Evidence（运用论据） 4
Grammar（语法） 2
哎？你有个2！
2
那我这就去！
为什么不重考呢？3以下都能重考的！
晚啦！

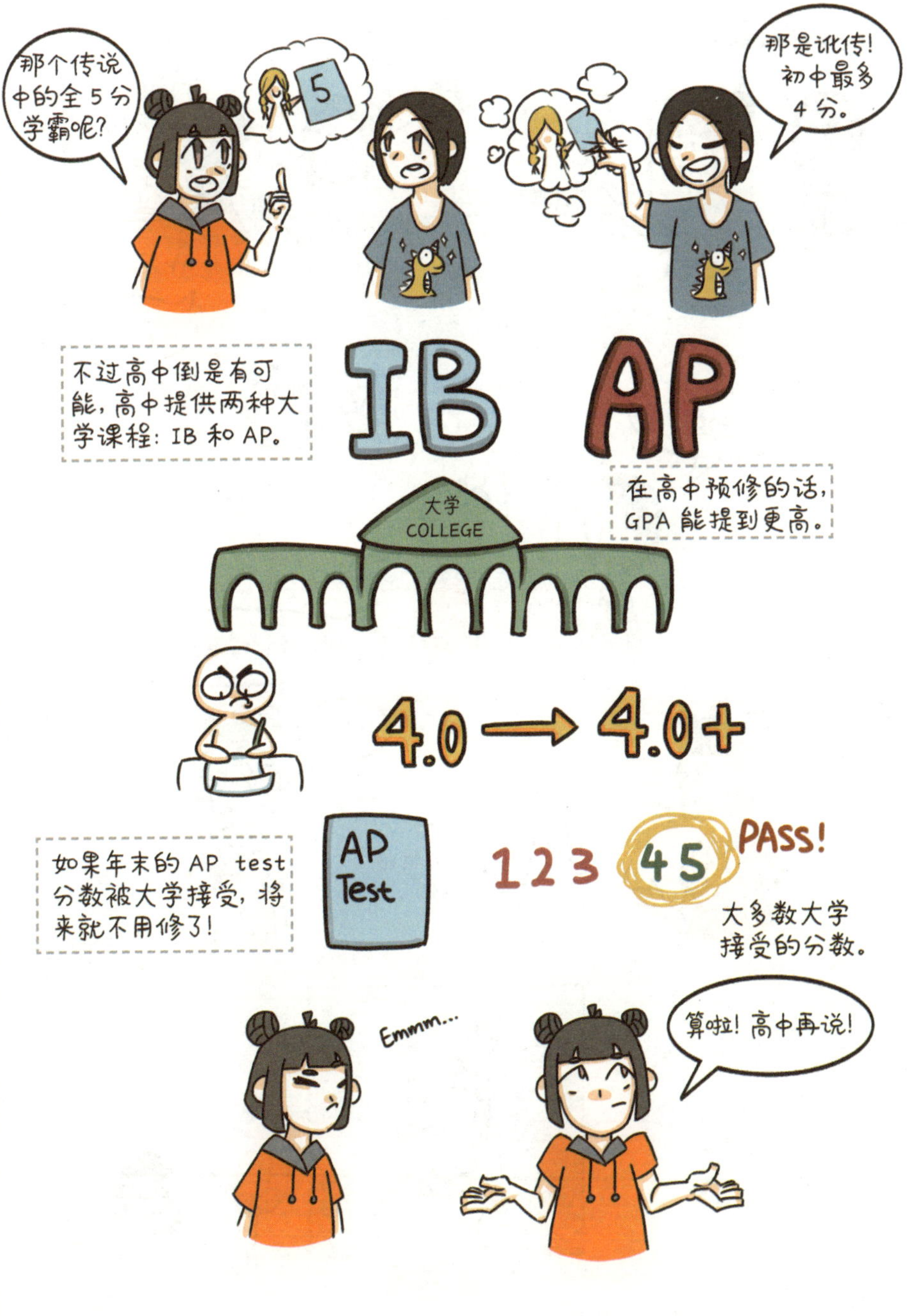

那个传说中的全5分学霸呢？
5
那是讹传！初中最多4分。
不过高中倒是有可能，高中提供两种大学课程：IB和AP。
IB AP
在高中预修的话，GPA能提到更高。
大学
COLLEGE
4.0 → 4.0+
如果年末的AP test分数被大学接受，将来就不用修了！
AP Test
1 2 3 4 5 PASS!
大多数大学接受的分数。
Emmm...
算啦！高中再说！

这是什么啊？
Student of t
就是月优秀学生榜。
Student of the Month
这上面有我哎！
咦，那你怎么不知道？
Student of t
哦，我记得有一天……
哈？
有人给我纸（奖状）。
啊？
给我糖。
啥？
还给我照相。
……

那也没啥用嘛！
Vivian
超棒♥
笨，那说明老师喜欢你啊！
你看啊……
你的课堂表现
(Behavior Grade)
是CI，最好的一档。
CI
而且喜欢你的老师，
可以帮你写推荐信。
一封好的推荐信对申请大学很重要。
好复杂。
慢慢来，
小学妹。
我们一样大！

优点

1.

美国考试利弊。

如果我 IQ 第二，那柯南都不敢称第一。

1. 没有排名，成绩不公开，大家都超自信。

2.

RETAKE

2. 考不好可以重考。

2. 成绩、表现、出勤都一律通知家长。

缺点

1.

1. 每次考试都算入GPA，都很重要。

2.

过来一下。

成绩单

3.

给他个2都高了！

3. 有些比较主观的成绩也许会因为老师对你的印象而改变。

录成绩中

阴
Cloudy

锵锵锵！姑娘我上光荣榜啦！这一个月的"血泪史"居然画上了一个金色的句号，真是开心又意外！

这是怎样的一个月啊！这是迄今为止最丢人的一个月，没有之一！上课途中迷路，课上滥竽充数，考试交白卷……这是迄今为止最无助的一个月，没有之一！找不到教室、厕所、校车，听不懂提问，看不懂试卷，交不到朋友……这是迄今为止最辛苦的一个月，没有之一！课上四肢并用，又听又抄又拍，仍然是一头雾水。更辛苦的是，在混沌的同时还要时刻保持警惕，避免对上老师那四处游弋的眼神，被无辜提问。课后更是翻译器不离手，读笔记、查资料、写作业全需要翻译，简直像是一个被突然扔进了翰林院的文盲，时时刻刻体会着直抵人心的无力感。如

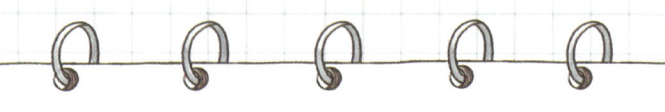

果碰上几门课同时有project（就是形式上隆重一点的作业，一般需要又写又画，图文并茂），熬夜自然是不可避免的事情……

有人说，有时候遗忘也是一种美德，这些痛苦的经历确实多思无益！如今在我房间的墙上增加了一个软木相框，上面别着我月度之星的奖状和作为奖品的一包MM糖、一支铅笔。即便这个荣誉有鼓励后进生的嫌疑，我也欣然接受。至少，这说明老师们注意到了一只新晋"菜鸟"不屈不挠、越挫越勇的风采。

婳儿独白

CHAPTER 7

光怪陆离的节日

Pajama Day

2:00-3:00

啊哈哈哈哈

> 妈妈絮语 ♥

MOM

　　近距离接触美国中学教育后不难发现，无论是授课模式、课程设置、考评机制，还是课外活动、师生关系、学习氛围，美国的中学都与国内大相径庭。美国中学的课程五花八门，学生们举止率性随意，装扮自由不羁，三天两头沉浸在传统节日或自创节日氛围里的孩子们到底在中学阶段都能学到些什么呢？

　　带着这样的好奇心，我找到了官方的教育目标。美国中等教育改组委员会提出的中学教育七大原则为：①保持身心健康；②掌握学习的基本技能；③成为家庭的有效成员；④养成就业技能；⑤胜任公民责任；⑥善于运用闲暇时间；⑦具有道德品质。原来，美国中学教育的初衷是把孩子培养成为健康、有技能、有情趣、有道德的家庭人、社会人。

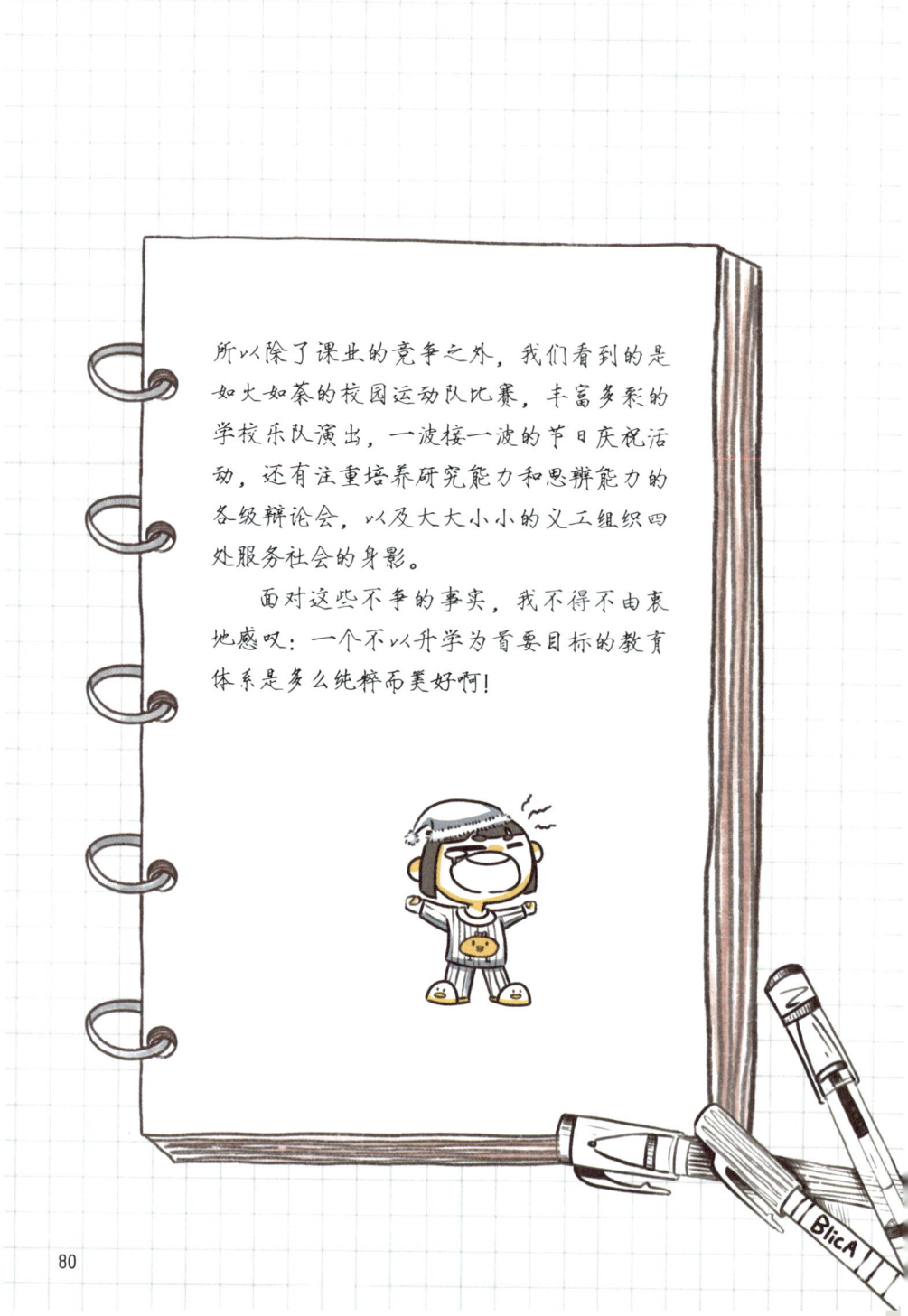

所以除了课业的竞争之外，我们看到的是如火如荼的校园运动队比赛，丰富多彩的学校乐队演出，一波接一波的节日庆祝活动，还有注重培养研究能力和思辨能力的各级辩论会，以及大大小小的义工组织四处服务社会的身影。

面对这些不争的事实，我不得不由衷地感叹：一个不以升学为首要目标的教育体系是多么纯粹而美好啊！

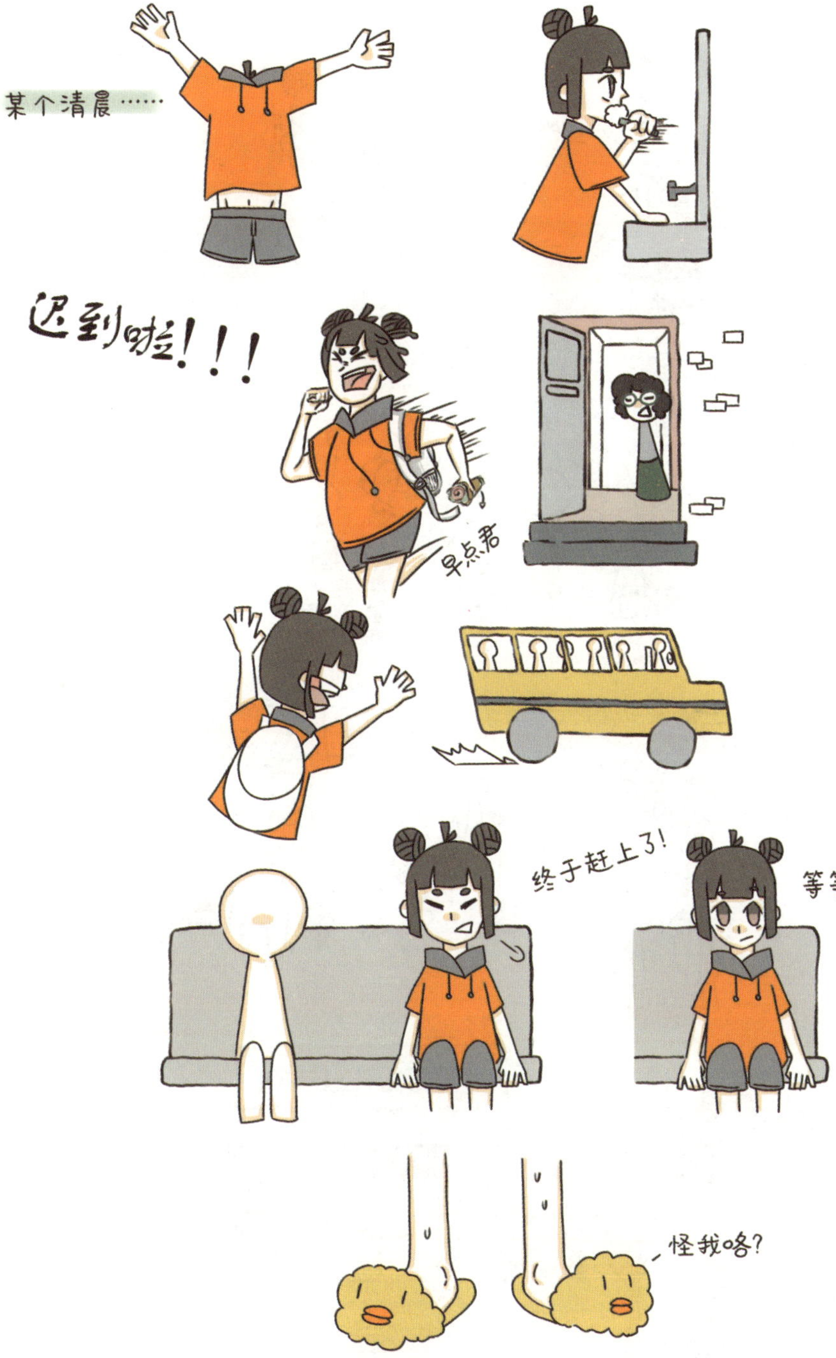

某个清晨……
迟到啦！！！
早点君
终于赶上了！
等等？
怪我咯？

都别看我，
这叫个性！
吓!!
怎么有群穿睡衣的人?!
咦？校车上的人
也穿的睡衣？
S MIDDLE SCHOOL
没走错吗？
是我没错 :D!

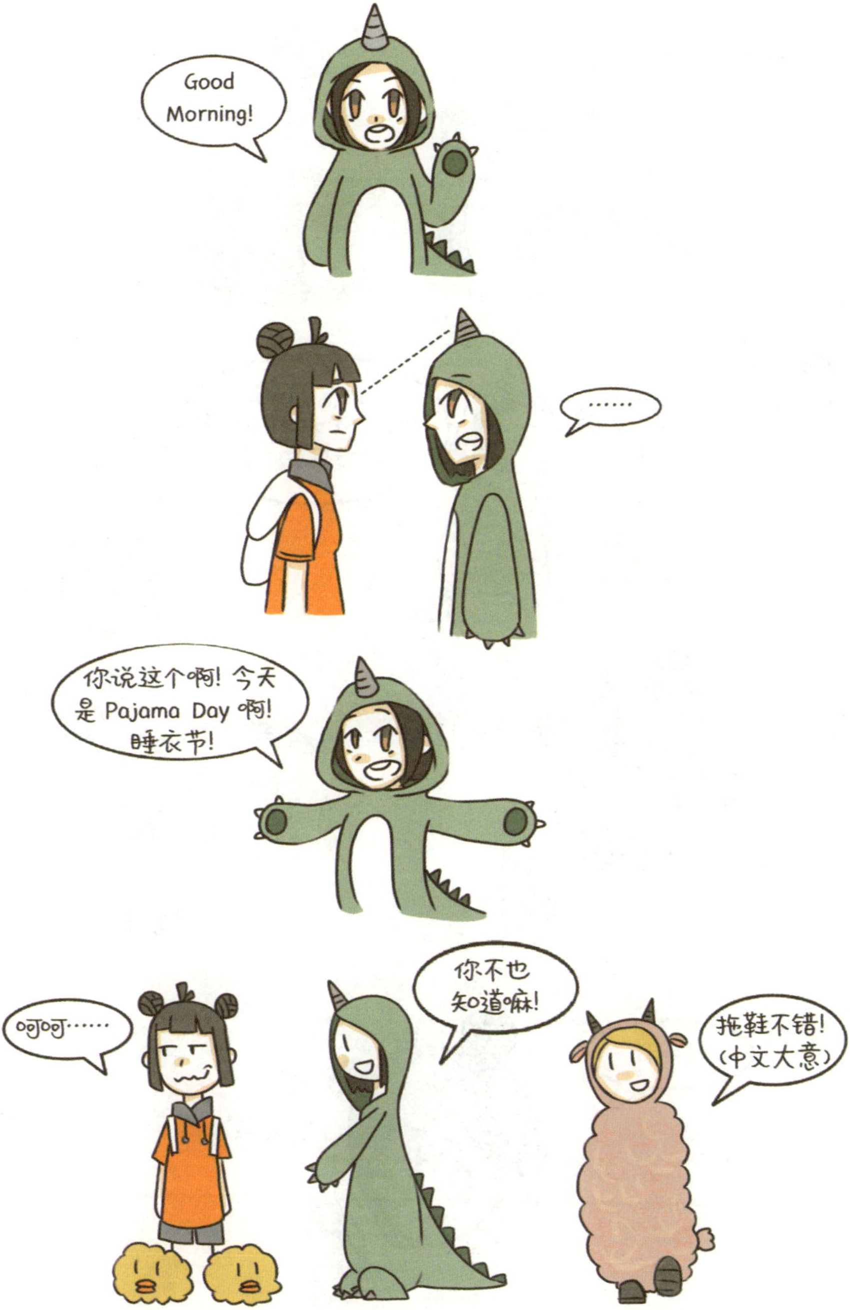
Good Morning!
……
你说这个啊！今天是 Pajama Day 啊！睡衣节！
呵呵……
你不也知道嘛！
拖鞋不错！(中文大意)

老师也穿?!
睡衣不错!(中文大意)
啊!这节超好玩的!
当然,不只有Pajama Day,还有超多其他好玩的节日。
你看!
啥?!
?!
吓得我画风都变了……
哇哦!!
变态笑容

Crazy Hat Day
（怪帽节）

Crazy Hair Day
（怪发节）

Renaissance Fair
（文艺复兴游园会）

原来美国人才是 Cosplay
（角色扮演）的大佬啊！

COSPLAY

幼儿园时期的阴影。

天线宝宝

那,那万圣节呢?像电影里一样吗?

那当然了,万圣节有……

各种cosplay

各种糖

各种鬼屋

还有16天万圣节。

呵呵。

雨 Rainy

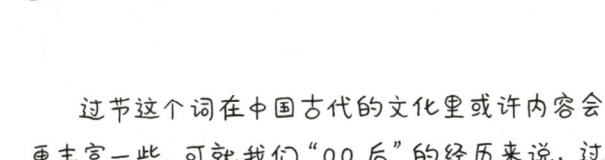

　　过节这个词在中国古代的文化里或许内容会更丰富一些，可就我们"00后"的经历来说，过节就是奶奶在厨房里煎炒烹炸，家人不远万里聚到同一张餐桌旁，落座开吃！

　　但自从姑娘我来到美国后，这里人们庆祝节日的方式彻底颠覆了我以往贫瘠的认知。现在万圣节马上就到了，大伙儿早早就开始忙活儿：很多人家已经在门外摆上鬼脸南瓜灯，拉上蜘蛛网，挂上黑蜘蛛，在窗户上贴上血淋淋的骷髅像，甚至在自家门口的草坪上立满墓碑，撒上枯骨，再布置上灯光和音效，晚上出门逛逛到处鬼影绰绰，很是刺激！当然万圣节不光有阴森恐怖的气氛，附近的农场为了促销南瓜搞起了南瓜节，大小各异形态万千的南瓜被当成了游戏工具：南瓜保龄球、南瓜炮弹、南瓜船——你

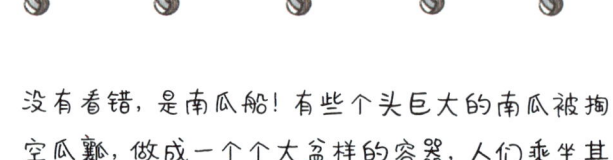

没有看错，是南瓜船！有些个头巨大的南瓜被掏空瓜瓤，做成一个个大盆样的容器，人们乘坐其中划动木桨赛起了南瓜舟！不得不说这些人真是太会玩了！

把传统节日玩成这样，人们还嫌不过瘾，还自创了各种节日。学校里一言不合就来个搞怪的节日，看着师生们穿着花花绿绿、长长短短的睡衣在餐厅里抡勺子，在走廊里打闹，在课堂上讨论的时候，我真是憋笑憋到内伤！

最近流行一句赞扬人会生活的话——"把日子过成了诗"。姑娘我觉得这的确符合中国人的民族气质。但如果是在美国，这句话应该改成：把日子过成了节！

娅儿独白

CHAPTER 8

奇葩的课程

My Weird Classes

2:00-3:00

困困……

> 妈妈絮语

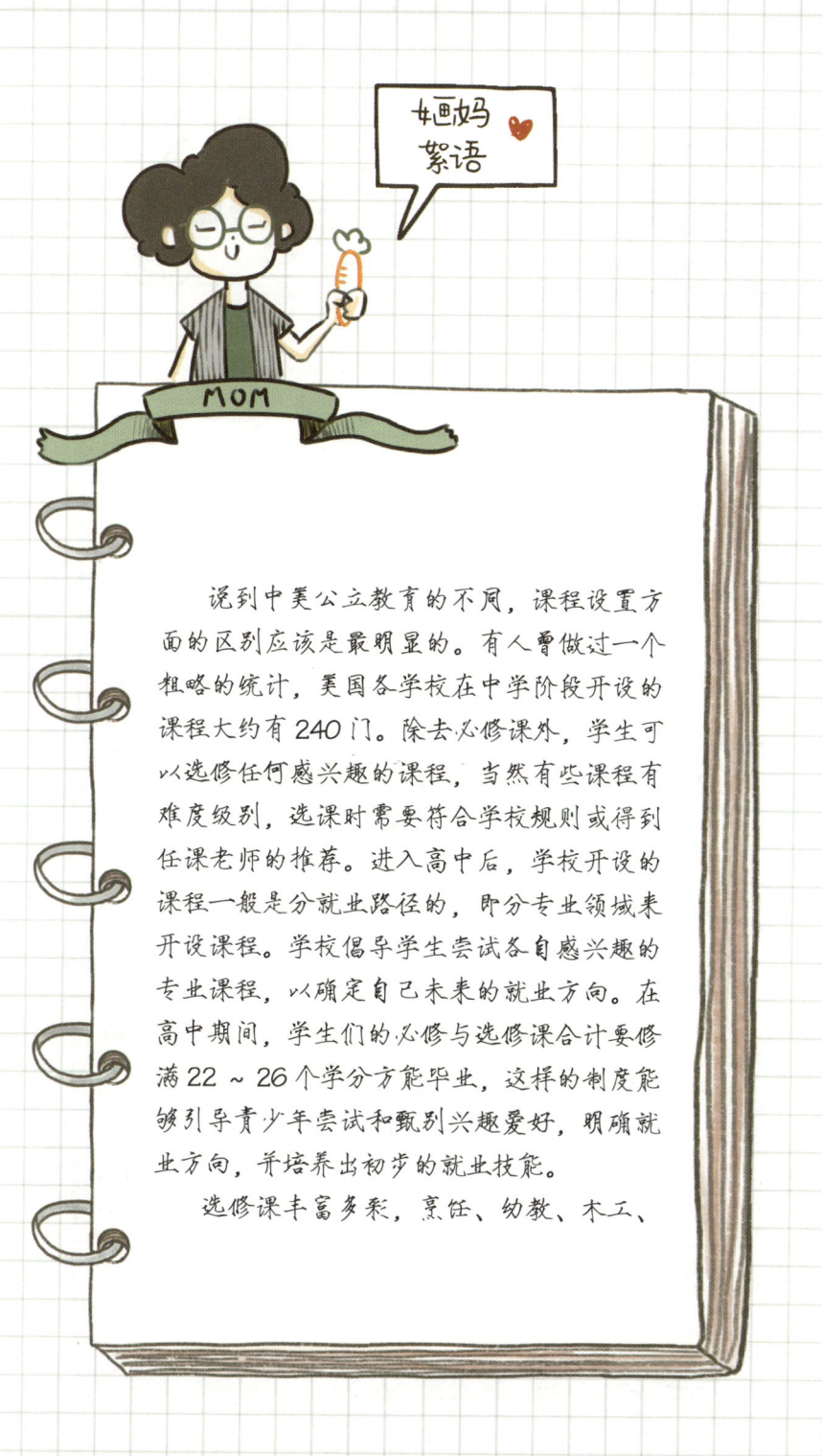

MOM

　　说到中美公立教育的不同，课程设置方面的区别应该是最明显的。有人曾做过一个粗略的统计，美国各学校在中学阶段开设的课程大约有240门。除去必修课外，学生可以选修任何感兴趣的课程，当然有些课程有难度级别，选课时需要符合学校规则或得到任课老师的推荐。进入高中后，学校开设的课程一般是分就业路径的，即分专业领域来开设课程。学校倡导学生尝试各自感兴趣的专业课程，以确定自己未来的就业方向。在高中期间，学生们的必修与选修课合计要修满22～26个学分方能毕业，这样的制度能够引导青少年尝试和甄别兴趣爱好，明确就业方向，并培养出初步的就业技能。

　　选修课丰富多彩，烹饪、幼教、木工、

摄影、话剧、会计、编程、礼仪、辩论，应有尽有，但让我最为震撼的却是一门必修课：健康课。虽然每个州有不同的教学计划，但健康课的内容大同小异，低龄阶段主要是卫生保健知识、心理健康知识、初步的性知识，包括甄别、预防性侵害等。进入青春期后，学校对学生的性教育内容则更为深入和全面，主要包括：青春期的心理和生理、性别决定及认同、性生理及性行为、孕期生理及避孕工具、性病的识别和预防等。另外，教育部门还会请一些艾滋病患者、吸毒者或是同性恋者作为义工去学校现身说法，以加深学生对性问题的认识。尽管社交媒体上也经常会出现家长关于学生性教育是否适度的讨论，但对于这种以科学的态度、正式的渠道、

坦诚的方法向孩子们传授性知识的教育方式，大多数人还是认同的。我想，这确实是好过于其他遮遮掩掩、避重就轻的老套路，是切实尊重和保护青春期孩子的负责任的行为。

这些庞杂的课程设置真正体现了教育应遵循的原则：教育是为了把孩子培养成能适应社会生活的合格个体。

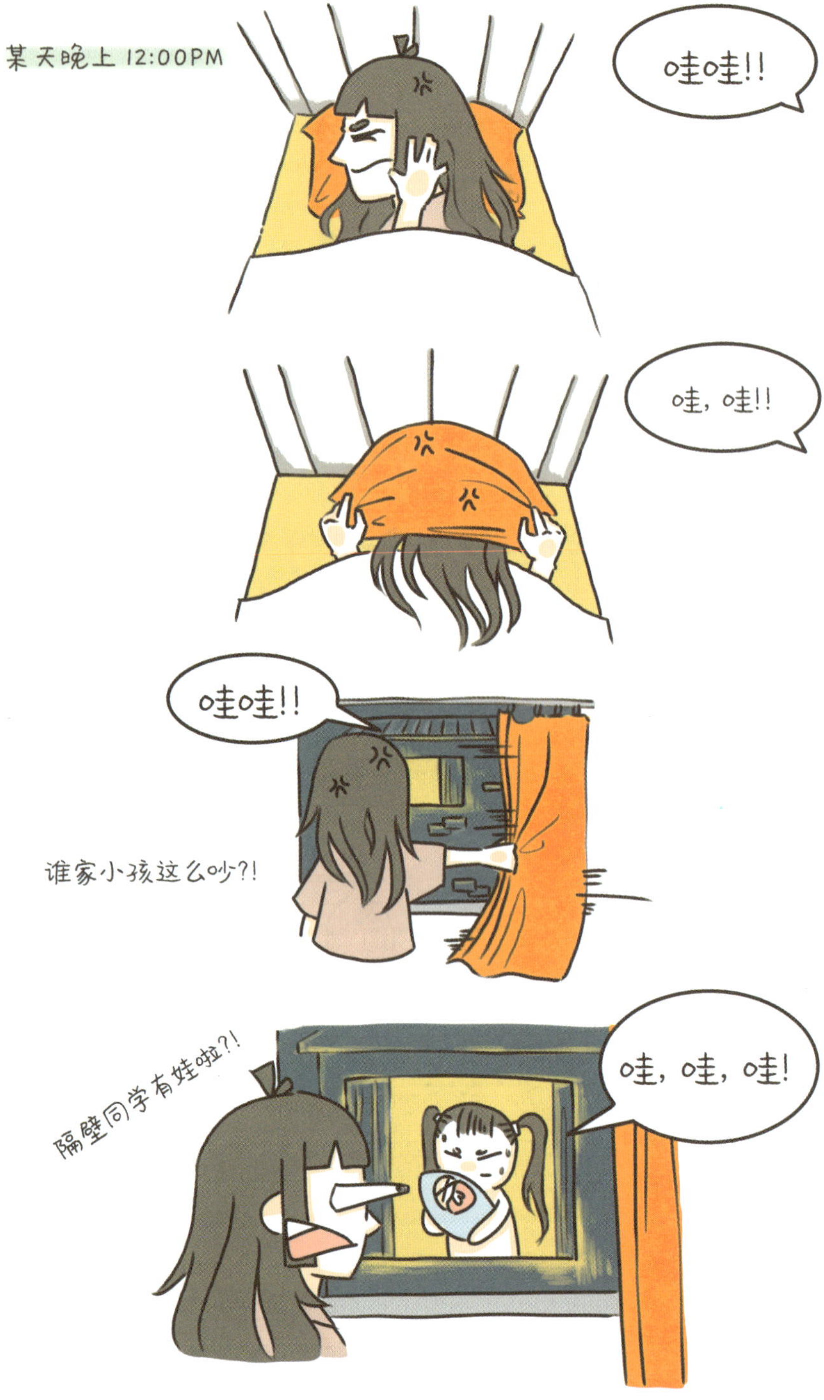
某天晚上 12:00PM
哇哇!!
哇，哇!!
哇哇!!
谁家小孩这么吵?!
隔壁同学有娃啦?!
哇，哇，哇!

第二天
等校车中……
STOP
你昨晚啥情况？
你有弟弟了？
（中文大意）
我没弟弟……
（中文大意）
啊！！
是这个……
（中文大意）
还是个假的？！
塑胶质感
娃娃信息卡
Birthday:
Ethnicity:

每个上 Early Childhood 的同学都会分到一个智能娃娃。

它哭的时候你必须……

喂奶　换尿布　哄他

直到他不哭为止。

你不做谁会知道？

为了对付这种人，每人会分配一个智能手环。

记录是否按时照顾宝宝。

还会监控你是否有暴力行为。

不过，为了能得到 baby sitter（保姆）证，这一切都值得！（中文大意）

Baby Sitter

Vivian，救我!!
你哪弄的椅子？
这么沉！
我自己做的，
可麻烦了。
你要先锯木头。
再组装……
然后再打磨。
嗯，不错哎。
啊！！
我的脚！
Duang
啊！我忘上漆了。
得再搬回去。QAQ

Ann 要变成木匠了!
嗯? 好香啊!
Vivian
这是 Food 课。(中文大意)
很不错啊!
Ayana 的蛋糕。
好吃吗? 这是我成为优秀家庭主妇的第一步! (中文大意)

咔嗒
嗒嗒
妈，你看我CAD课上3D打印的骰子！
嗯
1
Perfect Dice!!
我还要上Food课，工业设计……
我是全能超人！
飞啊!!!

晴 sunny

做椅子、做 3D 特效、做纸塑、做陶艺，想到可以选修这么多带劲儿课程的高中生活，就像看到了我梦想的诗和远方！也罢，为了将来那纵情恣意的 4 年，姑娘我就暂且忍下眼前这诸般苟且吧！

婳儿独白

CHAPTER 9

宅女爱体育

Why Not Sports

2:00-3:00

蓝瘦香菇

妈妈絮语

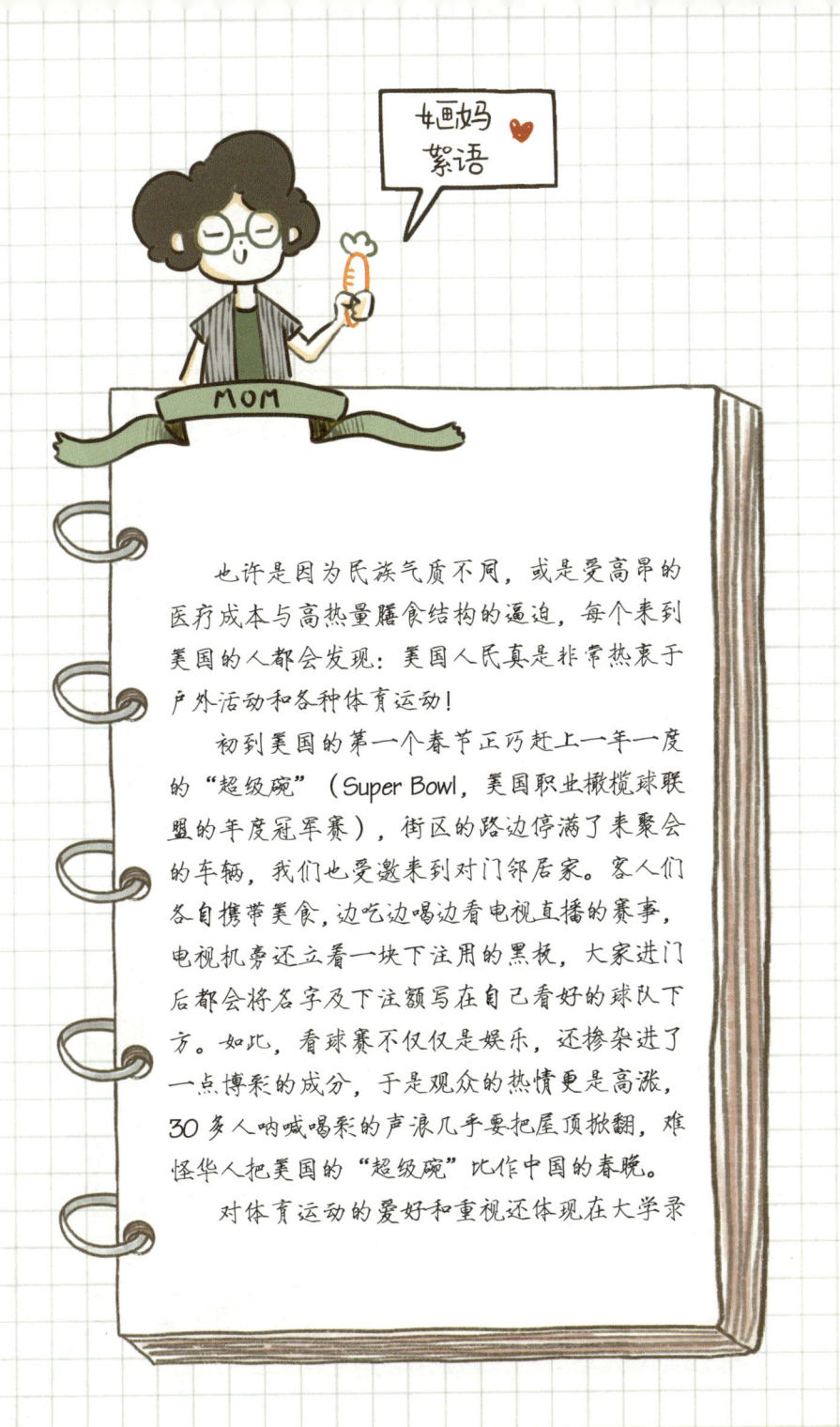

也许是因为民族气质不同，或是受高昂的医疗成本与高热量膳食结构的逼迫，每个来到美国的人都会发现：美国人民真是非常热衷于户外活动和各种体育运动！

初到美国的第一个春节正巧赶上一年一度的"超级碗"（Super Bowl，美国职业橄榄球联盟的年度冠军赛），街区的路边停满了来聚会的车辆，我们也受邀来到对门邻居家。客人们各自携带美食，边吃边喝边看电视直播的赛事，电视机旁还立着一块下注用的黑板，大家进门后都会将名字及下注额写在自己看好的球队下方。如此，看球赛不仅仅是娱乐，还掺杂进了一点博彩的成分，于是观众的热情更是高涨，30多人呐喊喝彩的声浪几乎要把屋顶掀翻，难怪华人把美国的"超级碗"比作中国的春晚。

对体育运动的爱好和重视还体现在大学录

取的标准中。曾有人从《普林斯顿评论》和《时代周刊》合编的年度刊物——《适合你的最佳大学》所给出的评估方法中总结出一套强大的"美国大学录取标准公式",该公式将大学评判申请人的各项标准归纳为 13 项,以 100 分为满分给出了每项所占的指数区间。其中第 11 项便是体育,其指数区间是 8～40 分。具体分值是:全美高中最好的运动员或奥林匹克比赛的运动员得 40 分;参加多项运动且至少有一项足以参加大学校队得 25 分;至少在一项运动中担任校队主力且投入很多精力得 13 分;经常参加运动,但不是校队队员得 8 分。而与学生成绩息息相关的 GPA 的指数区间却只有 0～16 分。赫赫有名的哈佛大学录取指数为 99 分,所以如果您的孩子热衷体育运动,有一项的水平足以加入未来的大学校队,那么意味着他(她)已经得到了哈佛 1/4 的录取分值了。

　　有热爱运动的氛围,又有大学录取政策的吸引,难怪学校里的各种运动进行得如火如荼。而"文明其精神,野蛮其体魄"不正是成功教育的标准吗?

我刚到美国时的一个雨天。

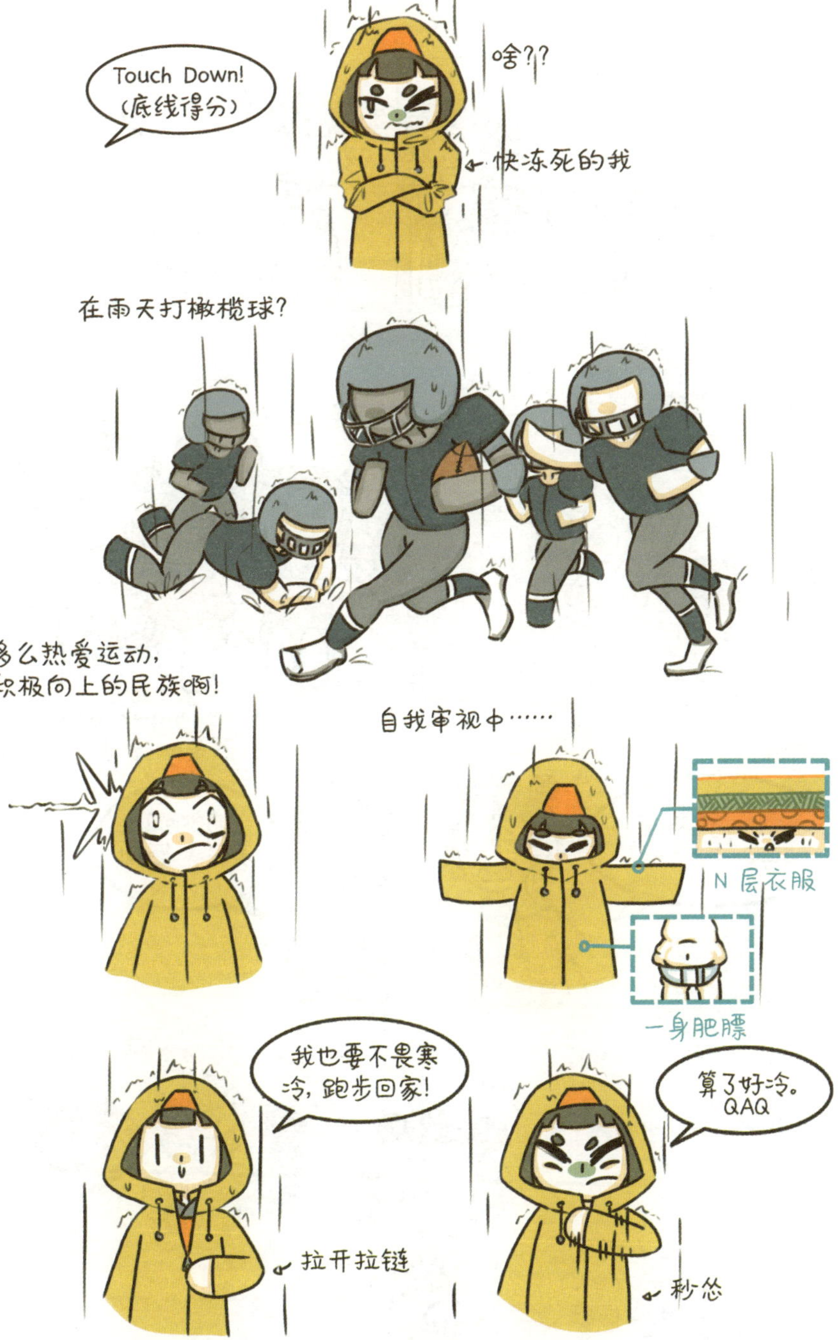

2月的某一天……
Vivian！来参加
Super Bowl 派对吧？
(中文大意)
好啊！
内心OS：
Super Bowl=超级碗？
太棒了！肯定是好吃的！
到底哪个是 Super Bowl？
怎么都是橄榄球的样子？
芥末鸡蛋
巧克力派
30分钟后……
菜鸟
铁粉
好吧，Super Bowl
居然是橄榄球赛。QAQ
第二天
Ann，你知道
Super Bowl 吗？
当然啦！
美国春晚嘛！
春!!!晚!!!
新年快乐
福
好吧……美国人哪里
是热爱运动啊，他们
明明就是“丧心病狂”
地崇尚运动嘛！

学校体育课也是各种项目一应俱全。

害惨了对它们一无所知的我……

生无可恋

下节课打排球！
（中文大意）

排……排球！

终于可以一雪前耻啦！

本姑娘当年可是能连颠150个排球的啊！

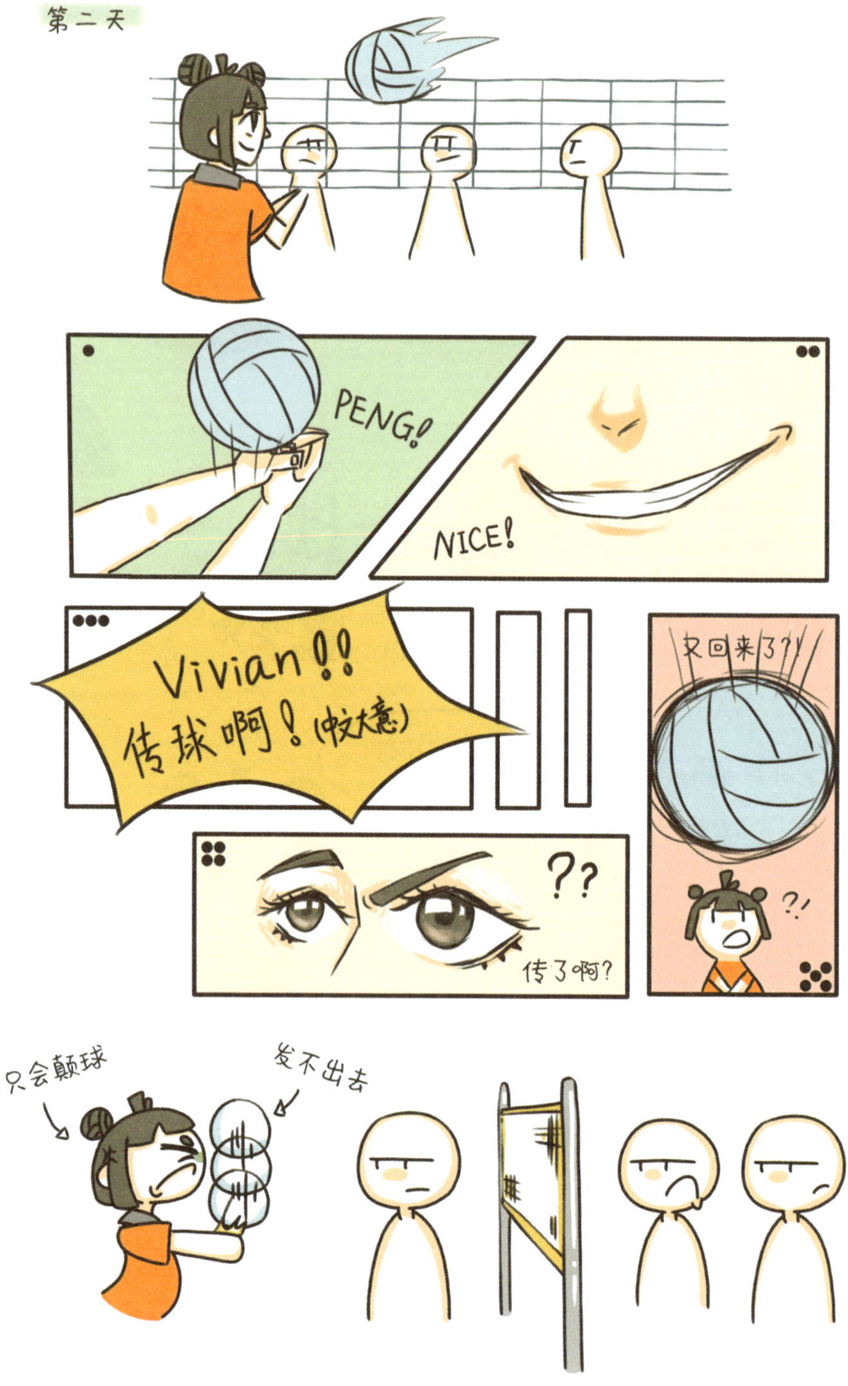
第二天
PENG!
NICE!
Vivian!!
传球啊!(中文大意)
??
传了啊?
又回来了?!
?!
只会颠球
发不出去

更可怕的是定期举行的体能测试，
Pacer（往返跑）。

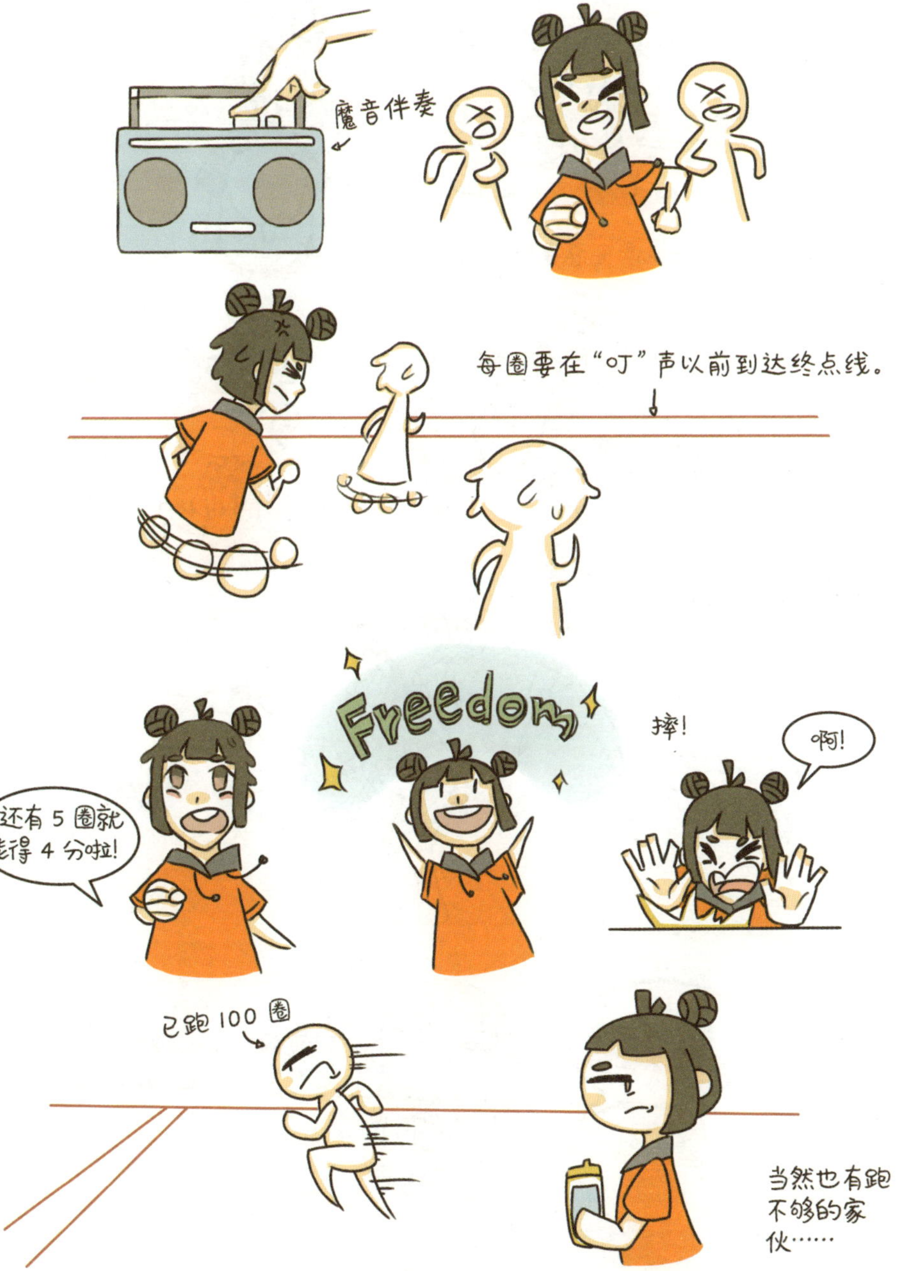

是他!

他来啦!

??

在学校，球打得好的男生总是格外受欢迎。

不过我只对二次元男神感兴趣。:D

女生也可以通过体育变得受欢迎，那就是参加啦啦队。

同志们，我回来啦!

不过这可是比任何球类都危险的运动。QAQ

长期受这种文化影响，我也逐渐有了变化……

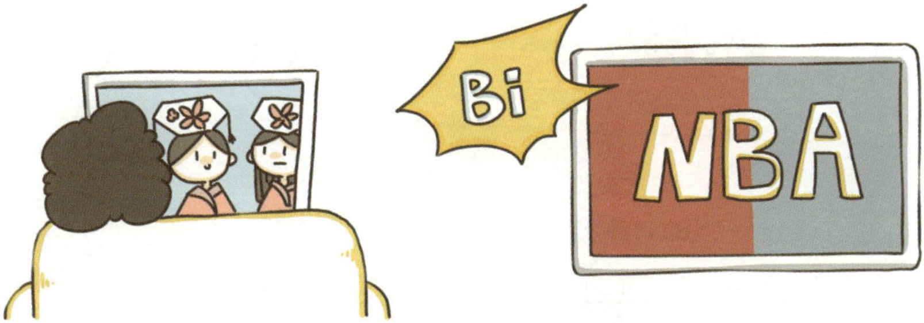

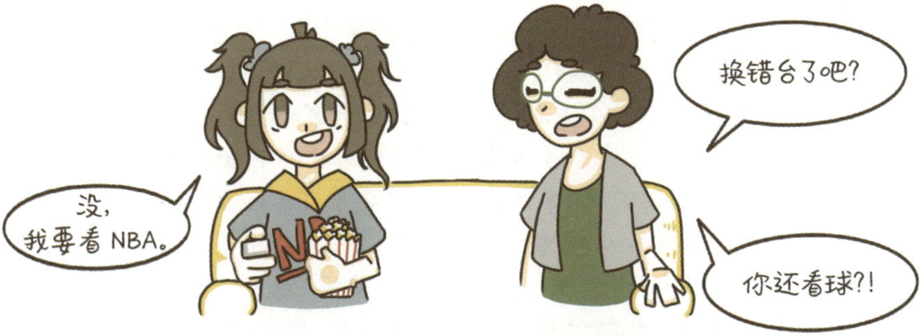

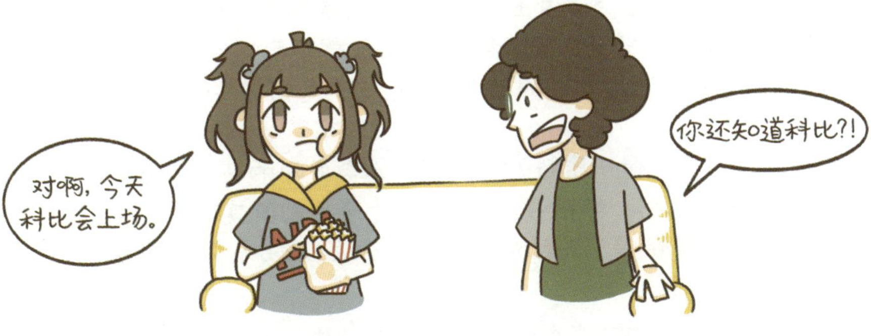

不久之后……

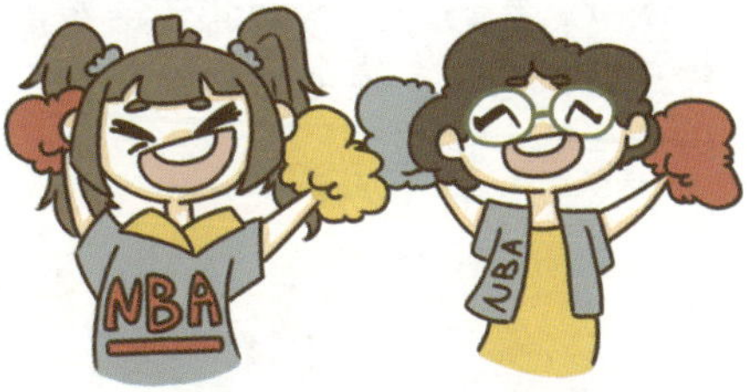

阴 cloudy

  各位看官是否觉得姑娘我的名字——"姬"看着有些生僻？这就对了，那可是在我出生前，父母翻遍字典找出的一个寄托了他们无限期望的"老"字，据说释义是：形容女子娴静淑美。只可惜自打姑娘我会走路就开始跑偏，举止秉性与这名字可是云泥之别。幼时，我最喜欢骑着红色的充气橡皮马，披着浴巾，挥着木剑扮作女侠，满屋里追杀我那"强盗"表姐。年纪渐长，开始流行《加勒比海盗》，我的偶像便锁定在了男主杰克身上，矢志不渝地要做一名他那样的海盗。在餐桌、茶几和椅子间上蹿下跳、闪转腾挪地练习剑法是我的日常，那些日子是何等的潇洒恣意啊！

  只可惜一遭进了学校，在家人与老师的共同教（压）育（迫）下，姑娘我渐渐被改造得名副其实起来，唯一没变的是，杰克的扮演者约翰尼·德普至今仍是我的偶像。

  如今来到"波村"，看到大家都热（上）爱（蹿）运（下）动（跳），老妈跟风给我报了跆拳道班，哈哈，姑娘我终于可以名正言顺地打打杀杀了！

姬儿独白

CHAPTER 10

吃货的研究

♥ Food Cultures ♥

饿饿

吃货一枚

妈妈絮语

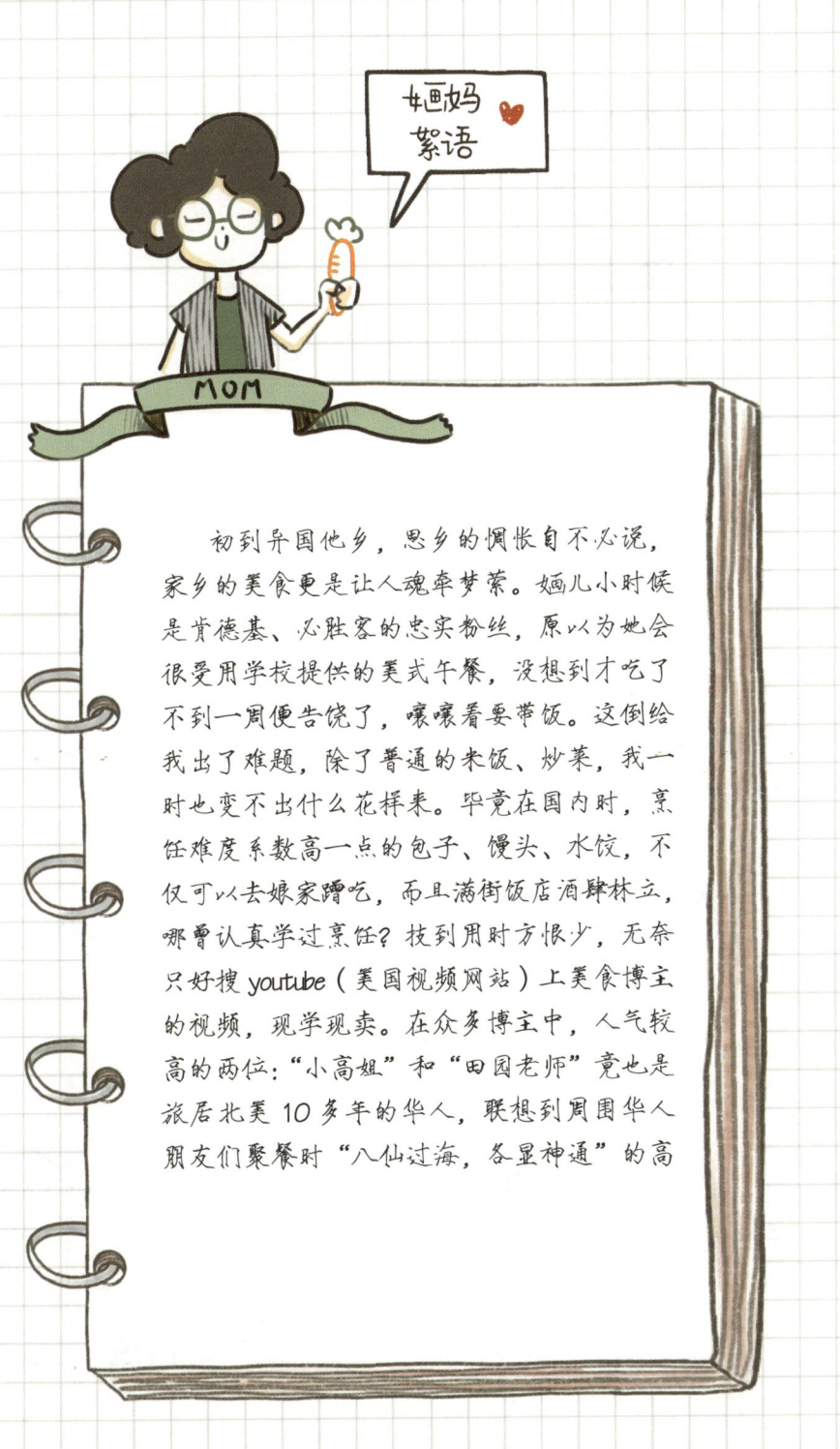

MOM

　　初到异国他乡，思乡的惆怅自不必说，家乡的美食更是让人魂牵梦萦。妞儿小时候是肯德基、必胜客的忠实粉丝，原以为她会很受用学校提供的美式午餐，没想到才吃了不到一周便告饶了，嚷嚷着要带饭。这倒给我出了难题，除了普通的米饭、炒菜，我一时也变不出什么花样来。毕竟在国内时，烹饪难度系数高一点的包子、馒头、水饺，不仅可以去娘家蹭吃，而且满街饭店酒肆林立，哪曾认真学过烹饪？投到用时方恨少，无奈只好搜 youtube（美国视频网站）上美食博主的视频，现学现卖。在众多博主中，人气较高的两位："小高姐"和"田园老师"竟也是旅居北美 10 多年的华人，联想到周围华人朋友们聚餐时"八仙过海，各显神通"的高

115

超厨艺，不由得感叹：世上哪里有学不会的笨厨子，只有不够馋的伪吃货罢了！

为了取悦倔强的中国味蕾，自己下厨是不可避免的。但就美食而言，波特兰并非一无是处，沿海新鲜的水产品，雨季森林里鲜美的蘑菇，初夏时农场里丰富的浆果，乳制品厂各色口味的奶酪，街头巷尾香气四溢的咖啡，还有南部葡萄酒庄的自酿美酒，都是非常难得的美食，有时我们也会外出去有特色的当地餐馆大快朵颐。毕竟，太过固守自己的饮食文化也是自我封闭的一种表现吧。

开学前的一天

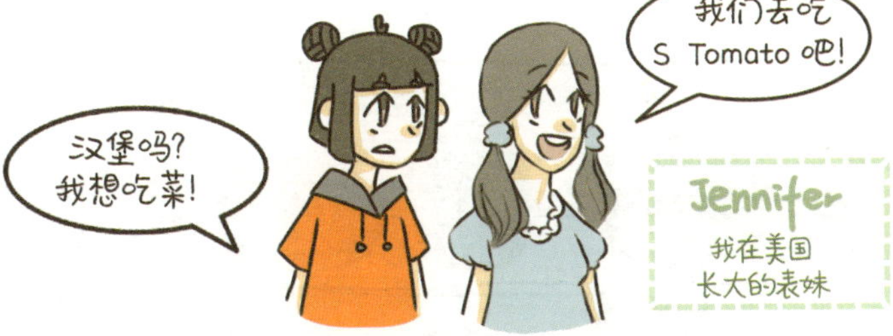

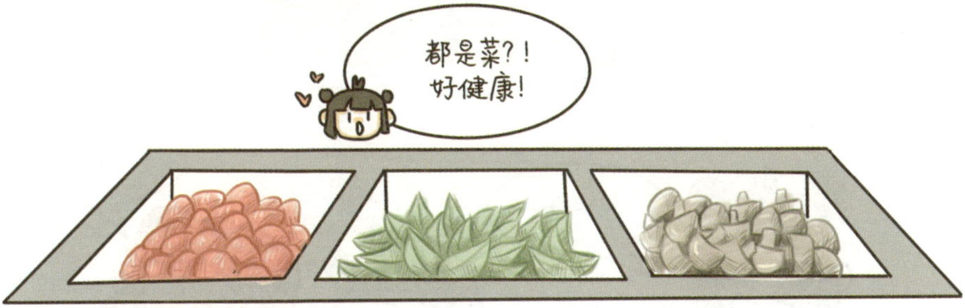

吃了一肚子沙拉之后……

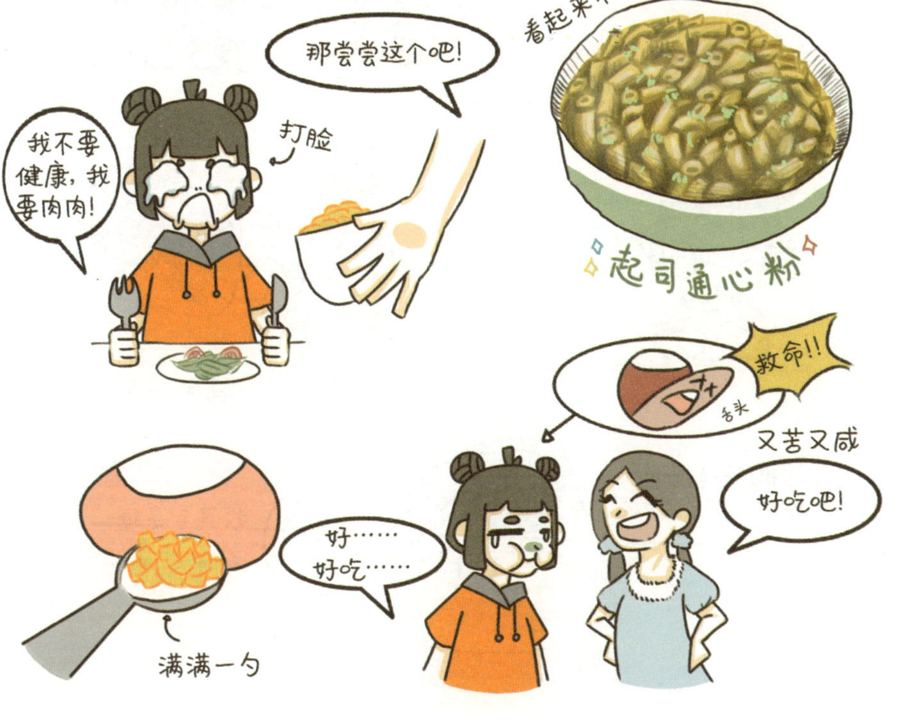

后来我又不断体验到了各种美国特色的食物。

我想吃。

我们买个吧！

飞流直下三千R

啊呜！

噎！

食道

蛋糕君

又湿又黏，完全咽不下去！

而且这橱子是把糖当面粉放了吧？QAQ

面粉

我其实是糖。

上学第一天午餐时间。

我有种不祥的预感……

← 心理阴影

打脸×2

意外地还不错哎！

沙拉

水果

主食

牛奶

你的苹果。
（中文大意）

不，是你的苹果。
（中文大意）

学校为了营养平衡，要求每个人每餐都吃一个水果。

是你的苹果！
对身体好哦！
（中文大意）

← 益达小哥附体。

不久之后我开始自己带便当啦！
我自己带午饭啦！（中文大意）
LUNCH
……
给我尝尝！（中文大意）
Mahika
印度人，
超爱运动
大家的便当都有着浓浓的民族风味，着实让我大开眼界。
小剧场：各种进食方式带来的烦恼。
猜猜这都是谁的便当？
等我切完，花都谢了。QAQ
啊！我饭前忘洗手了。QAQ
不要啊！筷子把小笼包捅破了！
No.1 刀叉
No.2 手
No.3 筷子

老美的食堂还有一个神圣的使命。
Lily!
Ann!
狂聊10分钟后……
她谁啊?
我认识了3年的朋友。
我们一起学习。
一起战斗。
经历生死。
太夸张了吧?
但这学期万恶的课程表分开了我们!
还好我们可以一起吃午饭!
原来Lunch有维系友谊的作用……

小剧场：午餐篇
喵
小亮是S中学的一名学生。
可是他最近很穷。
以至他最近只能看着别人吃午餐，画饼充饥。
后来他去申请了Free Lunch（免费午餐）。
Free Lunch
申请
Free Waiver（费用免除），有时也可以在收费考试（比如SAT）中使用。
SAT
- 430.00
or
- Fee Waiver

不过，最近我的口味有点跑偏……

咦？你不是最讨厌这个嘛？

不知道啊！最近口味变了。

小鱼~游~

就连我的生理结构（食道）似乎都有了变化。

以前　现在

美式巨黏蛋糕在食道的情况演示图

← 美式巨黏蛋糕。

然而，这某种意义上融入的代价就是：

飙升的体重。

肥胖的肚腩。

还有狂奔减肥的我！

123

阴 cloudy.

　　一说到吃不知怎么的唾液腺就开始亢奋，我真是个吃货！由于老妈在身边，目前想家的感觉倒还没有那么强烈，可惜她厨艺平平，害得我现在最思念的竟然是奶奶家旁边的那条美食街。尤其是中午开饭之前，肚子咕咕叫的时候，满脑子都是麻辣香锅、鸭血粉丝汤、过桥米线的幻影。有一次，我以报菜名解馋，不料朋友听到鸭血两个字，顿时一脸的错愕，眼神里分明就是看见了吸血鬼。嗨！一时馋昏了头，竟然忘了他们是不吃血和内脏的。

　　"现在的鸭血一般都是人造的。"我连忙宽慰她。

　　"哦，吓死我了。"朋友松了一口气，善解人意地从书包里掏出一包掰成小块的菜花递给我说："我知道你饿了。来，先吃点东西垫垫，马上就开饭了。"

　　看看眼前这一包白惨惨的生菜花，想到热衷于节食的女性朋友们平日里拿生彩椒、生四季豆当零食的样子，我感觉自己仿佛看到了远古人类的生活场景。

　　"谢谢，我对菜花过敏……"我客气地推辞说。

婳儿独白

CHAPTER 11

惊魂警铃声

I Hate Drills QAQ

2:00-3:00

吓死宝宝了

> 妈妈絮语

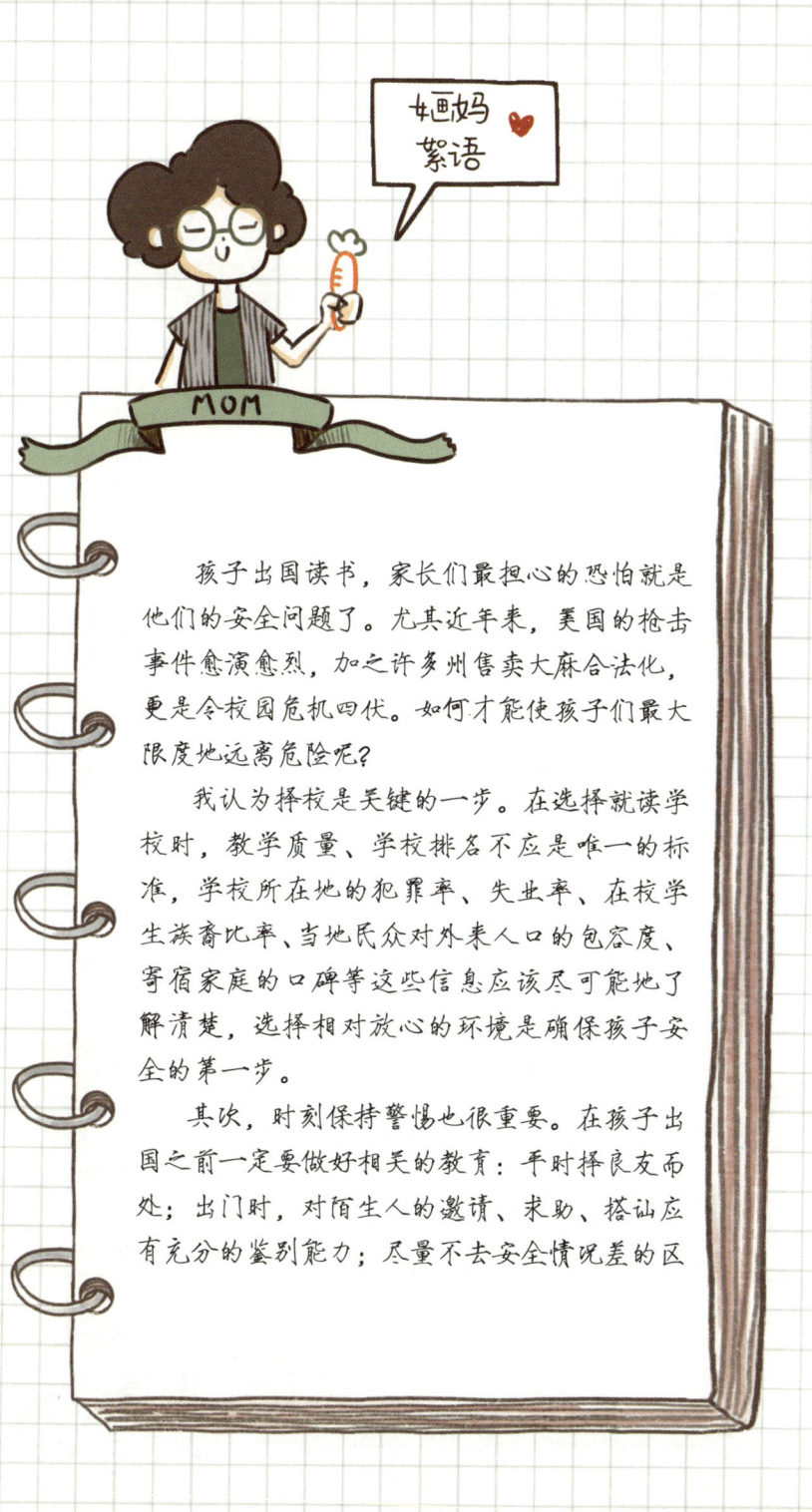

孩子出国读书，家长们最担心的恐怕就是他们的安全问题了。尤其近年来，美国的枪击事件愈演愈烈，加之许多州售卖大麻合法化，更是令校园危机四伏。如何才能使孩子们最大限度地远离危险呢？

我认为择校是关键的一步。在选择就读学校时，教学质量、学校排名不应是唯一的标准，学校所在地的犯罪率、失业率、在校学生族裔比率、当地民众对外来人口的包容度、寄宿家庭的口碑等这些信息应该尽可能地了解清楚，选择相对放心的环境是确保孩子安全的第一步。

其次，时刻保持警惕也很重要。在孩子出国之前一定要做好相关的教育：平时择良友而处；出门时，对陌生人的邀请、求助、搭讪应有充分的鉴别能力；尽量不去安全情况差的区

域，不在夜晚独自外出。美国地广人稀，平均车速较快，许多交通规则也与国内不同，在有些州，15岁的孩子便可以考取实习驾照，若自己开车，应该严格遵守当地的交通法规，切不可飙车逞强。此外，即便家里财力雄厚，炫富也是不安全的行为，要告诫孩子切莫因虚荣的行为招致危险。

另外，自律是确保人身安全的根本。中学阶段的孩子正处于青春期，如果没有家长的陪伴，自律性又差，在美国这样一个自由开放、充满诱惑的社会，一旦底线失守，后果不可想象。故而家长们在考虑送孩子出国前一定要对其做一个全面的评估，如果对孩子的自律没有信心，千万不要仓促做决定，更不要寄希望于寄宿家庭可以帮助管教、约束孩子。

最后，还要让孩子明白一个道理：生命是最宝贵的，万一遇到危险，切莫逞一时之勇，生命安全是危急时刻最该在乎的东西。

某节 ELD 课

某节 Humanity 课

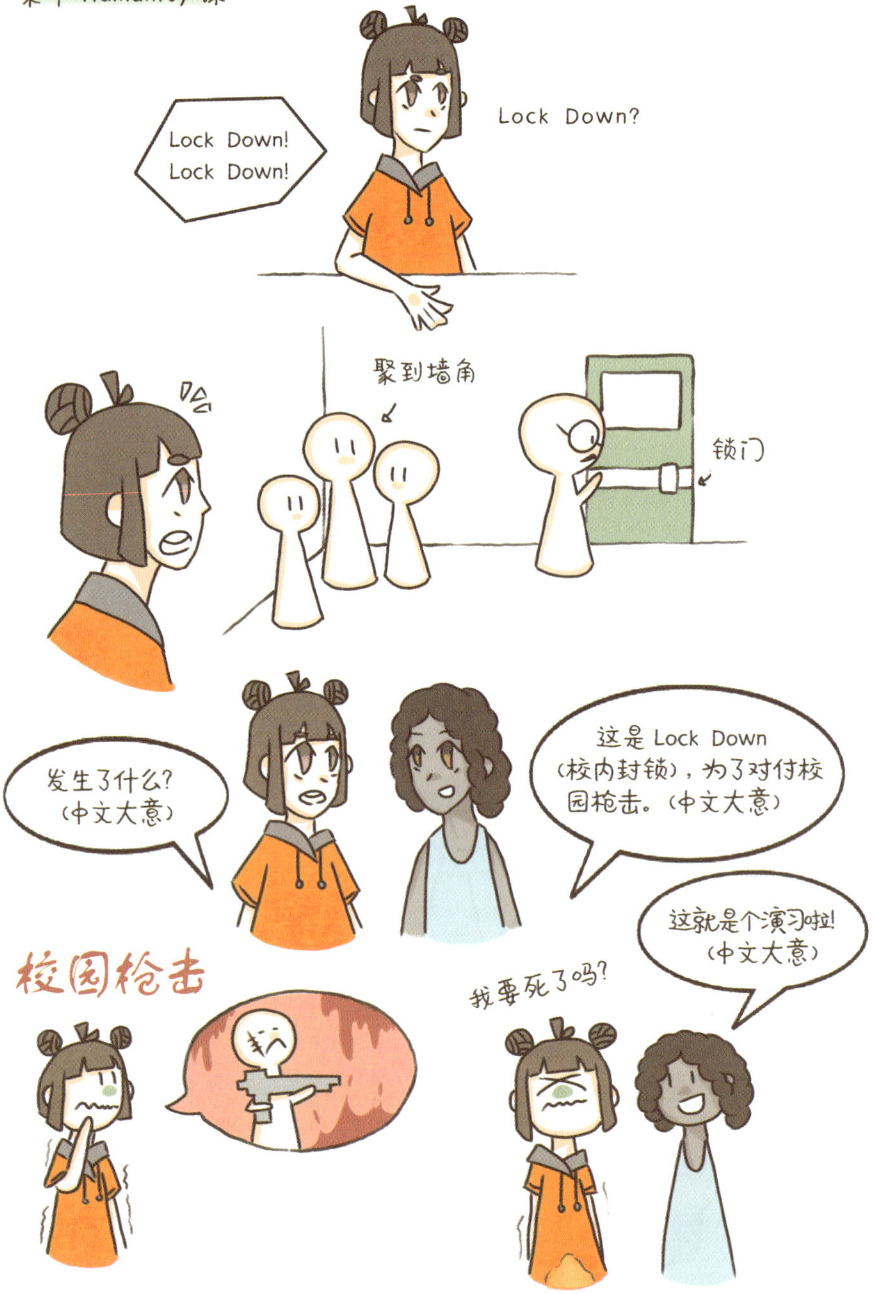

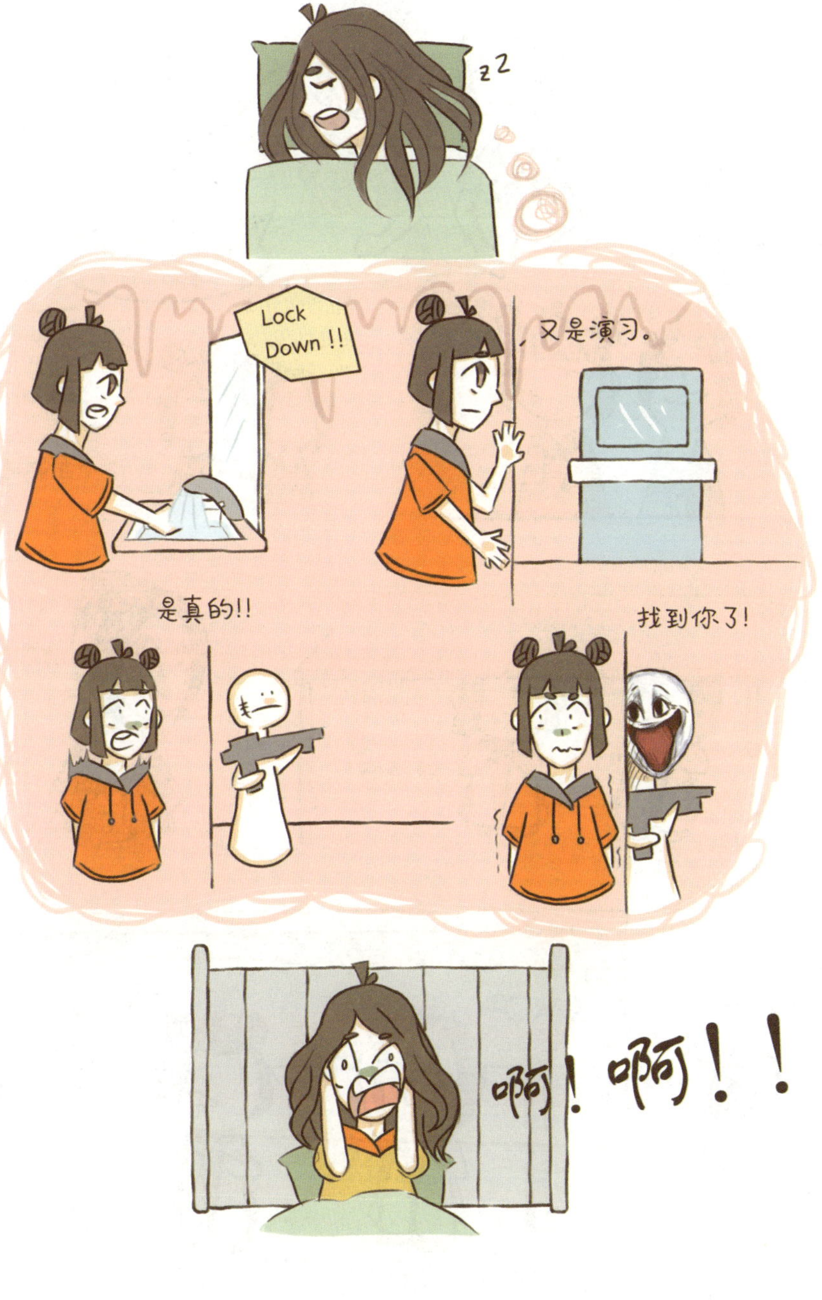
z z
Lock Down !!
、又是演习。
是真的!!
找到你了!
啊!啊!!

你这是咋了？
被 Lock Down
吓的……
那人祸完了，
就该天灾了。
Earthquake
Drill
（地震演习）
你个乌鸦嘴！
好挤啊！
咦？
口香糖
恶……
哈！活该！

某节 Math 课

这又是个啥?
Lock Out!
Lock Out!
Lock Out
就是校外
封锁。
如果学校所在的片区
有危险人物……
学校就会锁死门。
这样万一坏人无路可逃,
想进学校也不行了!
真的!
哈哈,又是
个无聊的
演习!
不哦,
这次是真的。
怎么大家都不怕?
佛祖、上帝、
真主,各路神仙,
救救小女子吧!

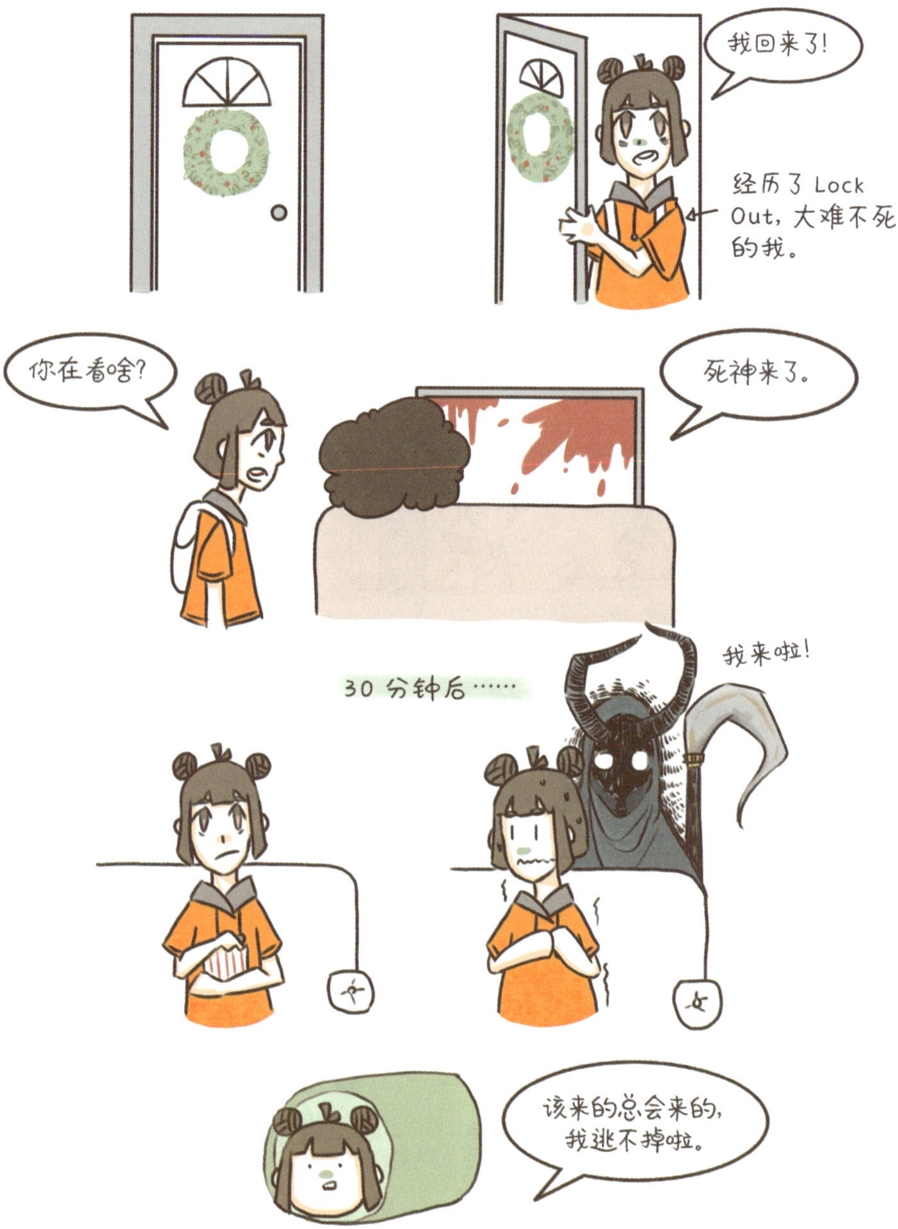
我回来了!
经历了Lock Out，大难不死的我。
你在看啥?
死神来了。
30分钟后……
我来啦!
该来的总会来的，我逃不掉啦。

雨 Rainy

　　刚来波特兰没多久，全美 40 多个城市的华人社团就组织了大规模的游行示威活动，支持纽约的梁彼得（Peter Liang）警官。（2014 年 11 月，梁警官在布鲁克林一栋公寓内执勤时因枪支走火误杀了一名非裔男子，2016 年 2 月被大陪审团裁定为过失杀人。）华裔和非裔社区的关系因此变得微妙而紧张。这是姑娘我除了国内的政治课以外，第一次近距离接触与自己切身利益有关的政治问题。

　　在同一时间段，波特兰一年一度的枪展开幕了，很多华人纷纷购置枪械镇宅，我也跟随家人去逛枪展。大老远看到展馆外景，我就乐了——这不是国内的小商品批发市场吗？清一色的彩钢瓦棚建筑，足有五六百平方米，大门洞开，人流熙熙攘攘。进到里面就更有趣了，一个个摊位挤挤挨挨，有卖子弹的、卖手雷的、卖防弹背心的，手枪一排排铺在桌面上，步枪、猎枪则靠着撑子一支支架在桌面上，恍惚间让人觉得那圆的是茄子，高的是大葱，小的是毛豆，俨然一个大

"都是好货哦，亲~"

菜市场！更不严肃的是，买枪的手续出乎意料的简单！顾客只需提供合法的身份证明，卖家用此身份信息上网查看其犯罪记录，没有前科的就可以交钱选货了。这哪里是买枪，分明就是买菜嘛！看着顾客们随意用方便袋提着自己的新收获鱼贯而出，姑娘我不由得后背一阵阵发凉。

枪展没过去几天，我又在学校里看到了抽大麻的场景。有一个午餐间隙，我与朋友在校园里瞎逛消食。路过停车场时，听到一辆车里传出极响的音乐声，我循声望去，却不见人影，车窗里白茫茫的全是烟雾。

"坏了，那车子该不会着火了吧？"我紧张地提醒朋友。"那是在抽大麻！"朋友瞥了一眼，见怪不怪地说。这可是一所10分（教育系统对学校的综合评分，最高10分）的学校啊！我顿时石化。

夸张一点说，美国学生是冒着枪林弹雨，在大麻烟雾的笼罩里读书的，各州只是严重程度不同而已，可造成这样窘境的到底是谁呢？

婳儿独白

CHAPTER 12

Once upon a time

游戏界面
脸皮值 520
↑↑ UP UP
PLAY   EXIT

傲娇

妈妈絮语

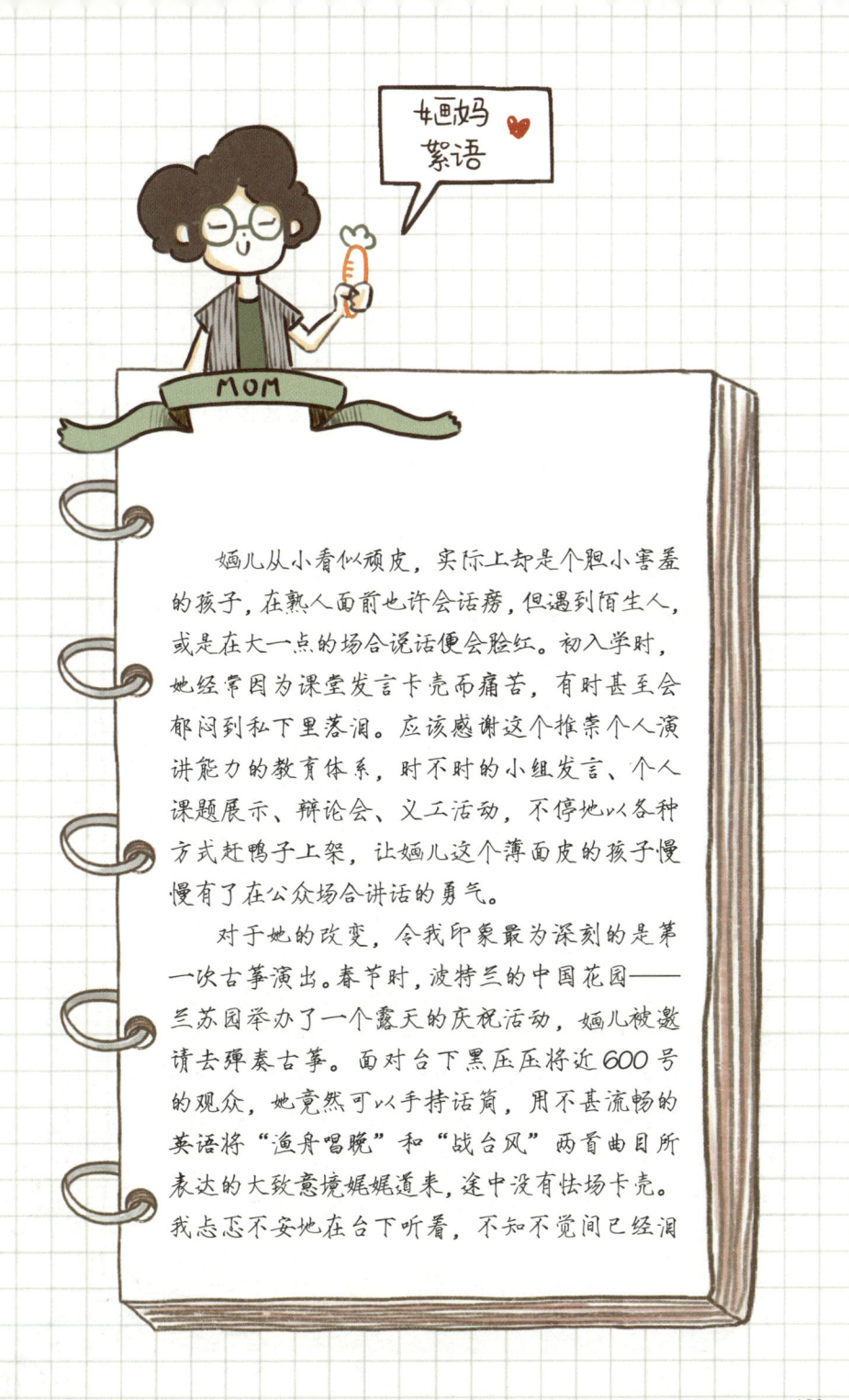

MOM

婳儿从小看似顽皮，实际上却是个胆小害羞的孩子，在熟人面前也许会话痨，但遇到陌生人，或是在大一点的场合说话便会脸红。初入学时，她经常因为课堂发言卡壳而痛苦，有时甚至会郁闷到私下里落泪。应该感谢这个推崇个人演讲能力的教育体系，时不时的小组发言、个人课题展示、辩论会、义工活动，不停地以各种方式赶鸭子上架，让婳儿这个薄面皮的孩子慢慢有了在公众场合讲话的勇气。

对于她的改变，令我印象最为深刻的是第一次古筝演出。春节时，波特兰的中国花园——兰苏园举办了一个露天的庆祝活动，婳儿被邀请去弹奏古筝。面对台下黑压压将近600号的观众，她竟然可以手持话筒，用不甚流畅的英语将"渔舟唱晚"和"战台风"两首曲目所表达的大致意境娓娓道来，途中没有怯场卡壳。我忐忑不安地在台下听着，不知不觉间已经润

目。孩子虽经历了不少挫折，但进步之大实在令人惊喜，甚至让父母有些汗颜，扪心自问若换作是我在台上，估计也不会有她从容。

正是因为这次成功的演出，婳儿得到了周末在兰苏园做义工演奏古筝的机会。波特兰与苏州是姐妹城市，兰苏园是 1999 年苏州市政府在波特兰市中心的唐人街援建的一个苏式园林。婳儿在此处的义工活动主要是展示、讲解中国传统音乐文化，每周一次的历练更增加了她在公共场合发言的自信。

说到这里，有些人也许会问，为何美国的学生如此热衷于义工活动？我想其中的原因是多方面的：首先，美国是一个由清教徒建立的国家，宗教信仰使人们乐意为他人付出；其次，社会各层面都有鼓励民众参与义工活动的政策，比如与学生们息息相关的大学录取标准中，社会活动一项便包含了申请人参与义工活动、服务社会的情况。孩子们通过参与各种义工活动，不仅体验了劳动的艰辛，同时也能感受到服务他人的满足感。而且频繁、近距离地接触社会，使他们在开阔眼界的同时也锻炼了能力，培养了在公众场合的举止仪态。所以说，参与义工活动是一个一举多得、互利双赢的事情。

从前有个小森林……

森林里有个
很酷的木头人。

她不说不笑，
甚至连表情
都没有。

真实的她其实从来
无法加入小组活动。

然而这一切只不过是
她的伪装罢了。

和别人打招呼会脸红。

H…Hi!　Hi、

在公共场合沉默寡言。

……是时候改变了!

某节 Humanity 课

Family History Project

Family History Project
(家族历史报告)
将被归入**期末成绩**。

并且每个人都会在班里
演讲。
(中文大意)

封印破除中……

1. 确定报告主题。

2. 搜集资料。

3. 写报告（黎明前的黑暗）。

真的超黑暗！

4. 做展板（终于熬过来啦）！

Trifold Board（三折板）

工具

报告

朱元璋

彩纸

噹噹！完成啦！

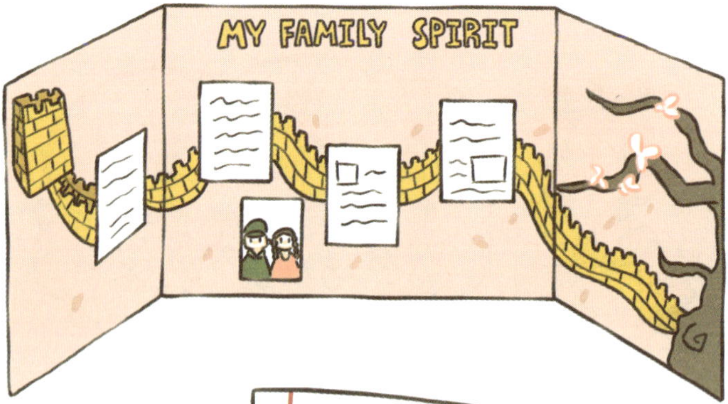

5. 准备演讲稿，
然后……

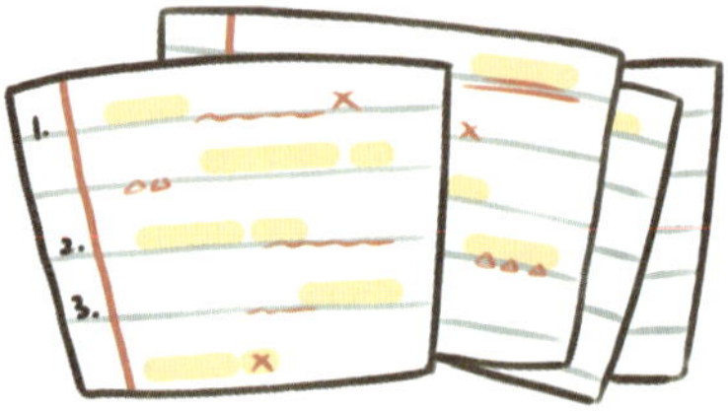

对着镜子练。

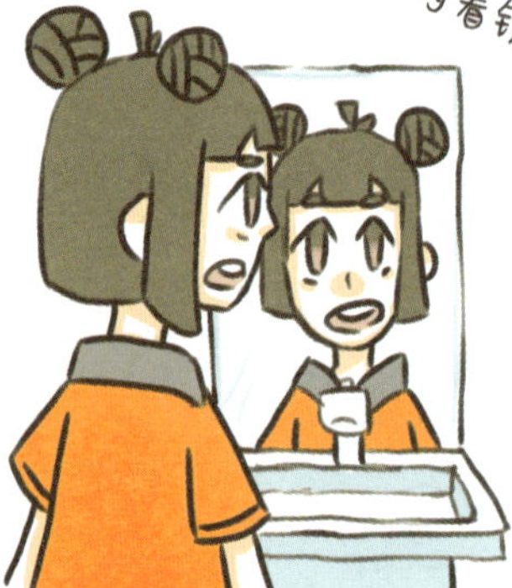

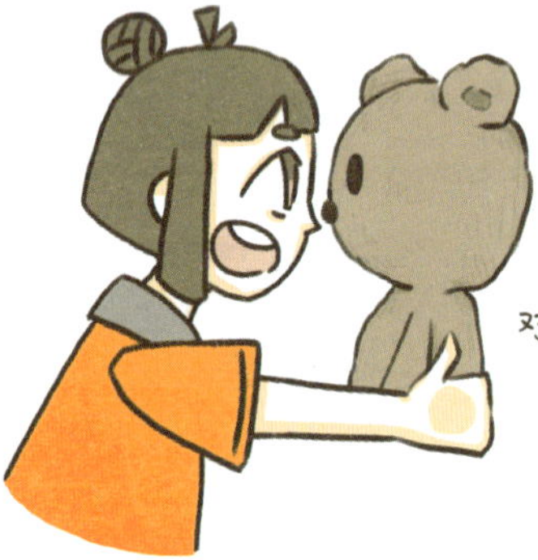

对着玩具练。

对着妈妈练。

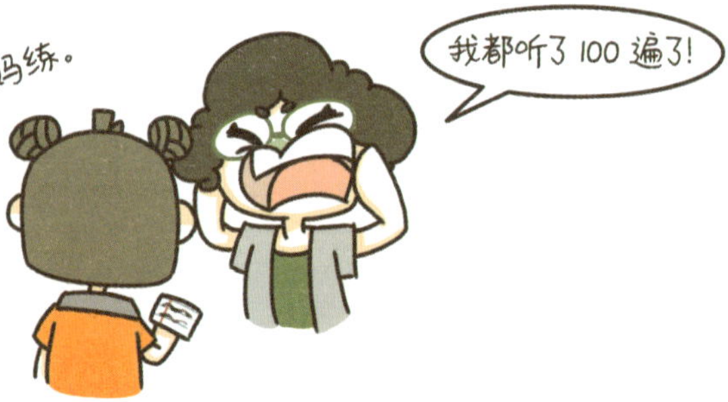

终于到了这一天。

信心值
心值
信心值
My Family Spirit
好棒!!
板子好
好看!
哇!!
叽哩哇啦……
信心值
My Family Spirit
Max%
信心值
出众奖
本木头人获得了
此次关卡的胜利!

然而故事还没结束，木头人迎来了一次更大的挑战……
你知道Cultural Assembly吗？
就是学校每年一次的文化表演吗？
嗯，我们一起去表演吧！
OK…
什么？
不要！那可有2000多观众啊！！
回来！
你想想……
Ann
我
钢琴古筝合奏？听着不错哎！
那好吧！
就这样，木头人开始
迎接终极挑战的急

Cultural Assembly 当天。

然而当音乐响起，木头人便不再紧张了。

一曲下来，掌声四起……

故事的最后，木头人解除了封印，变回了勇敢的骑士!

拔棒棒　　　　　　　　　晴 Sunny♥

说到脸皮薄的问题，这可是我由来已久的老毛病了。曾经在我周围，这样"外强中干"的朋友不在少数，除了上课回答问题时红红脸，倒也没什么大碍。谁曾想来到这里后，脸皮薄大大影响了我的幸福指数，本来语言关没过就已经很痛苦了，老师们还喜欢变着花儿地单独考验学生，真是屋漏偏逢连夜雨啊！

那天，我又像霜打的茄子一样瘫坐在沙发里，向老妈痛诉当日在学校里发生的丢人片段。老妈一反常态不仅没有安慰我，反倒问了我两个问题：一是问我还记不记得小学三年级时谁上课回答不出老师的提问？二是如果去年我们学校来了一个不会说中文的美国人，我会不会嘲笑他？问罢，她便撇下我出门买菜去了。我独自一人躺在沙发里来回咀嚼着这两个问题，忽地豁然开朗——对啊！我出的那些丑或许是自己心头挥之不去的耻辱，但对于别人而言不过是过眼烟云罢了。再说，但凡是个心态正常的人，谁会嘲笑一个不懂语言、不懂规则的新人呢？

从此以后，我再遇到尴尬的场面，便在心里默念两句咒语："他们记不住、他们不在乎"。咒语相当灵验，我如今也是可以上大台面的人了！

娅儿独白

CHAPTER 13

狐朋狗友结交攻略

My Social Life

2:00-3:00

变身社交达人！

> 妈妈絮语 ♥

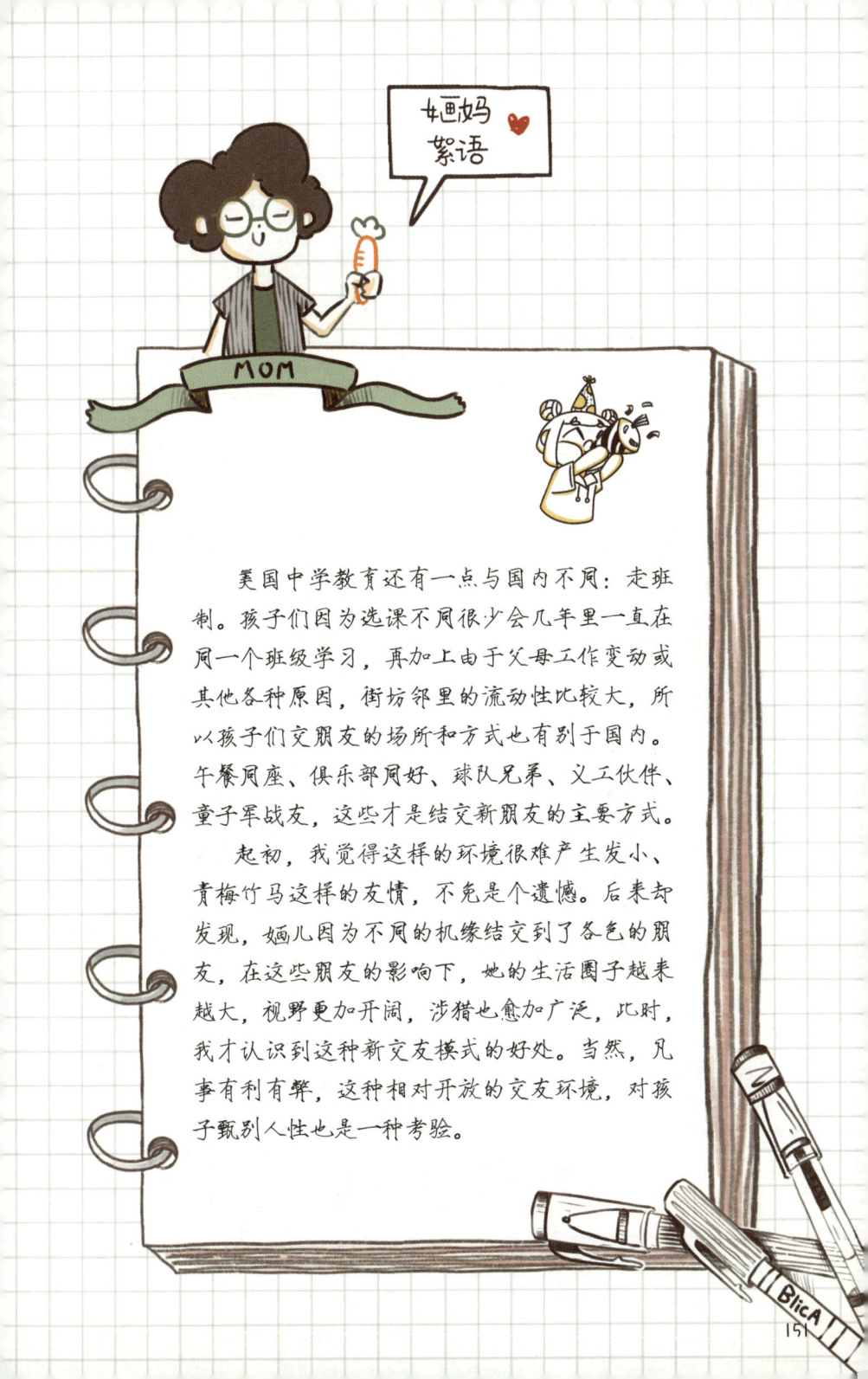

MOM

　　美国中学教育还有一点与国内不同：走班制。孩子们因为选课不同很少会几年里一直在同一个班级学习，再加上由于父母工作变动或其他各种原因，街坊邻里的流动性比较大，所以孩子们交朋友的场所和方式也有别于国内。午餐同座、俱乐部同好、球队兄弟、义工伙伴、童子军战友，这些才是结交新朋友的主要方式。

　　起初，我觉得这样的环境很难产生发小、青梅竹马这样的友情，不免是个遗憾。后来却发现，妞儿因为不同的机缘结交到了各色的朋友，在这些朋友的影响下，她的生活圈子越来越大，视野更加开阔，涉猎也愈加广泛，此时，我才认识到这种新交友模式的好处。当然，凡事有利有弊，这种相对开放的交友环境，对孩子甄别人性也是一种考验。

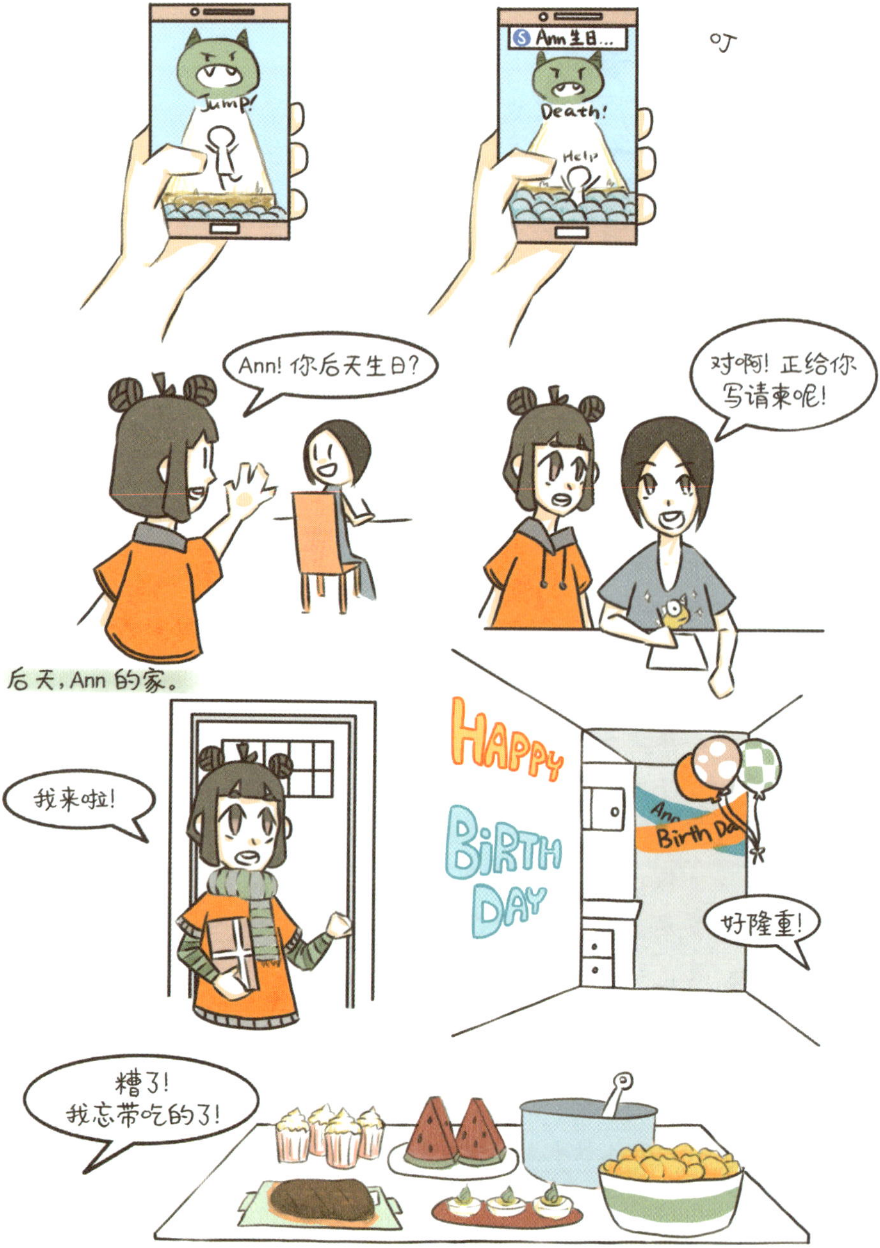

PS. 在美国，派对上的食物一般是由各家自带的食物组成的。

光顾着吃
Vivian
Vivian!
嗯?
要不要Sleep over 啊?
我们可以玩卡牌。
打枕头大战。
玩电玩也行啊!
当晚……
我们玩啥?
??
看鬼片啊!
Sleep over 都是骗人的! QAQ
一晚没睡

哈，困死啦！都是你害的！
Sorry 啦！作为补偿，我请你去 homecoming 吧！
*Homecoming：同学会，其实和舞会差不多，9 - 10 月举行。
Homecoming 当晚
准备好看帅哥了吗？
准备好吃大餐啦！
彩光灯
超大音箱
DJ
Vivian？
走吧！
Pizza 10$
Brownie 5$
为什么没有大餐？零食也这么贵？
帅哥！
大餐！！

学校里有很多神秘的小组织，俗称：

CLUB (社团)

大家总是一放学就各奔东西，各找各的Club。

错过了club rush(社团报名会)，所以没有组织的我。

某天……

据说World Culture Club(世界文化社)可好玩了。(中文大意)

真的?

不会啊！大部分社团都可以随时加入的。(中文大意)

我错过了club rush，参加不了。(中文大意)

哈哈哈哈！小爷我有组织啦！！

于是，当天我就去参加了
World Culture Club。
快点，我们迟到了！（中文大意）
到啦！（中文大意）
哇哦！！
文化角
Culture
Corner
你好
Hello
各种零食
Snacks
卡牌游戏
Card Game
原来 club 的活动这么轻松啊！（中文大意）
全知先生
轻松是因为这是休闲类的 club 啊！（中文大意）

其他 club
还有……
有这样社会
实践类的 club。
义工社
Volunteer Club
学术类的 club。
科学社
Science Club
还有体育竞赛类的 club。
棒球社
Base Ball Club
哦，果然还是休闲类
的最适合我！

雨 Rainy

  与国内早自习、晚自习、课后补习班，一天十几个小时厮混在一起的学业生死搭档相比，姑娘我在波特兰的这一竿子新朋友可真称得上"狐朋狗友"了。

  我与一起在学校餐厅吃饭的朋友有福同享，与一起在图书馆做义工的朋友有难同当，与一起在俱乐部看鬼片的朋友臭味相投，与一起在大山里野营的朋友风雨同舟……这里的课外活动丰富多彩，结交的朋友也是五花八门。只是朋友好找，情谊难续，往往是刚热络没几天，就有人因为父母换工作去别的州了，或是因为房子不合适搬家了，离别好像是一种常态。对于这一点，老妈的分析比较深刻：人家是游牧民族的后代，逐水草而居，习惯了迁徙；而我们是农耕民族的后代，定居、叶落归根的传统已经渗透进了血液。

  看来对待与新朋友们的友谊，我还是应该洒脱一些，相聚时开开心心，分别时不留遗憾。

婳儿独白

CHAPTER 14

第一笔血汗钱

money！money！money！

2:00-3:00

吃土

妈妈絮语

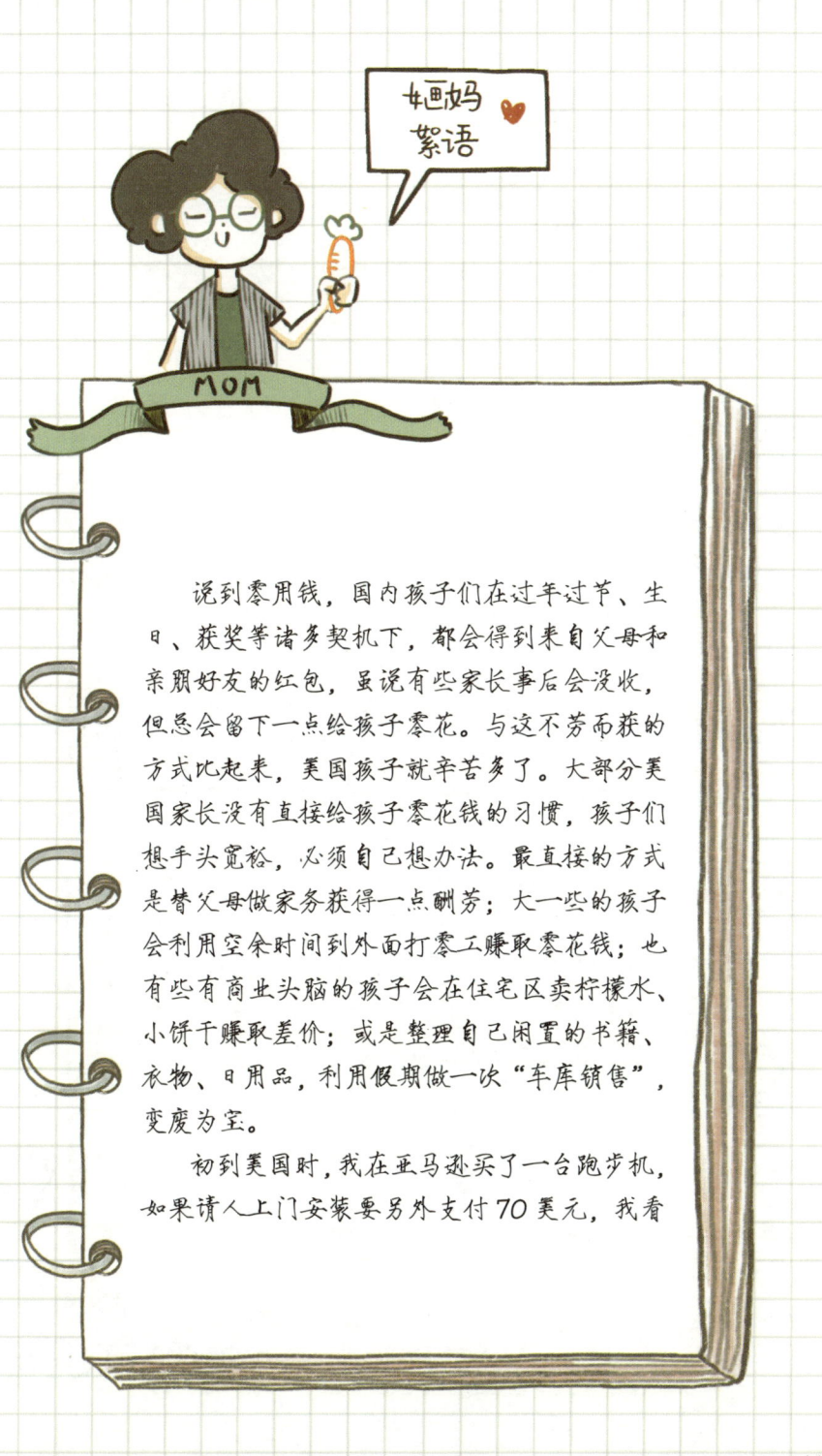

MOM

　　说到零用钱，国内孩子们在过年过节、生日、获奖等诸多契机下，都会得到来自父母和亲朋好友的红包，虽说有些家长事后会没收，但总会留下一点给孩子零花。与这不劳而获的方式比起来，美国孩子就辛苦多了。大部分美国家长没有直接给孩子零花钱的习惯，孩子们想手头宽裕，必须自己想办法。最直接的方式是替父母做家务获得一点酬劳；大一些的孩子会利用空余时间到外面打零工赚取零花钱；也有些有商业头脑的孩子会在住宅区卖柠檬水、小饼干赚取差价；或是整理自己闲置的书籍、衣物、日用品，利用假期做一次"车库销售"，变废为宝。

　　初到美国时，我在亚马逊买了一台跑步机，如果请人上门安装要另外支付 70 美元，我看

161

到客户评论区里大部分人都是自己安装的，便打算省了这笔安装费。可天有不测风云，在跑步机邮寄来之前，我偏巧不慎扭伤了手腕，正在犯愁之际，转脸看到已经比我高一截的婳儿，不由心生一计。最后我用35美元雇用婳儿安装了跑步机，这个英明的决策既锻炼了队伍，又肥水不流外人田。婳儿也开心坏了，赚了钱不说，看到自己能组装起这么大一台机器，叽叽喳喳地自豪了很久。

　　从此，家里需要体力和技术的活儿就被她包了。一日，邻居跟我开玩笑：她女儿抱怨说每次割草家里才给5美元，人家对门的中国小姐姐都可以得到20美元呢！原来是我不懂行规，扰乱了零花钱的市场秩序！

吱呀
嗯……要啥呢?
$10
$8
哎? Nica!
Vivian!!
你在打工吗?(中文大意)
对啊! 我在为上大学攒钱。(中文大意)
话说周六你来我家的garage sale吧!(中文大意)
啥? 车库销售?!
她家卖车库?

是这里吗?
谷歌地图
哇!!!
Bling~
Bling~
还这么便宜?!
#2
#1
不过好眼熟啊!
好看!
因为那是我的啊!
garage sale 都是卖家
里的旧货。(中文大意)

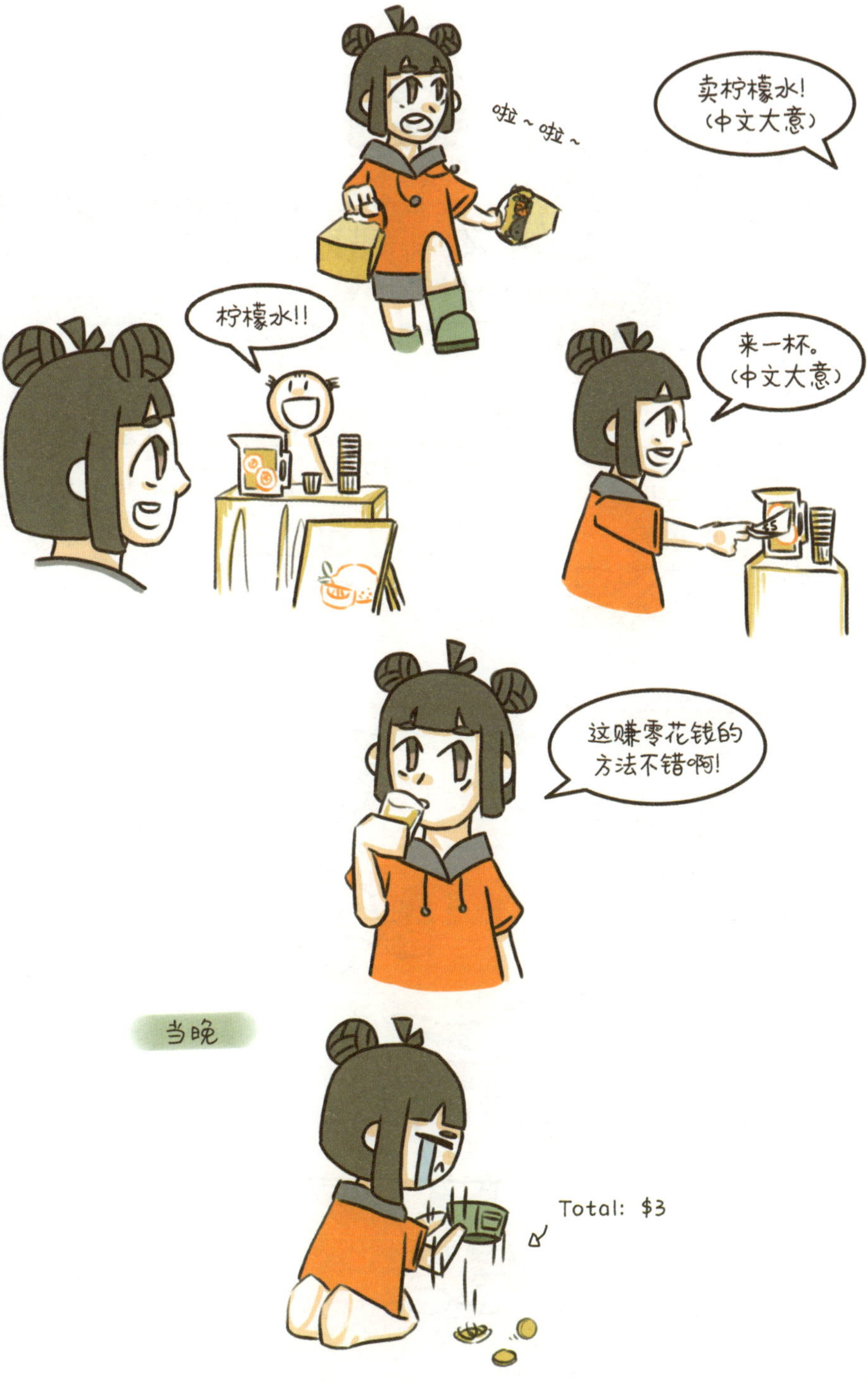
啦～啦～
卖柠檬水！
(中文大意)
柠檬水!!
来一杯。
(中文大意)
这赚零花钱的
方法不错啊！
当晚
Total: $3

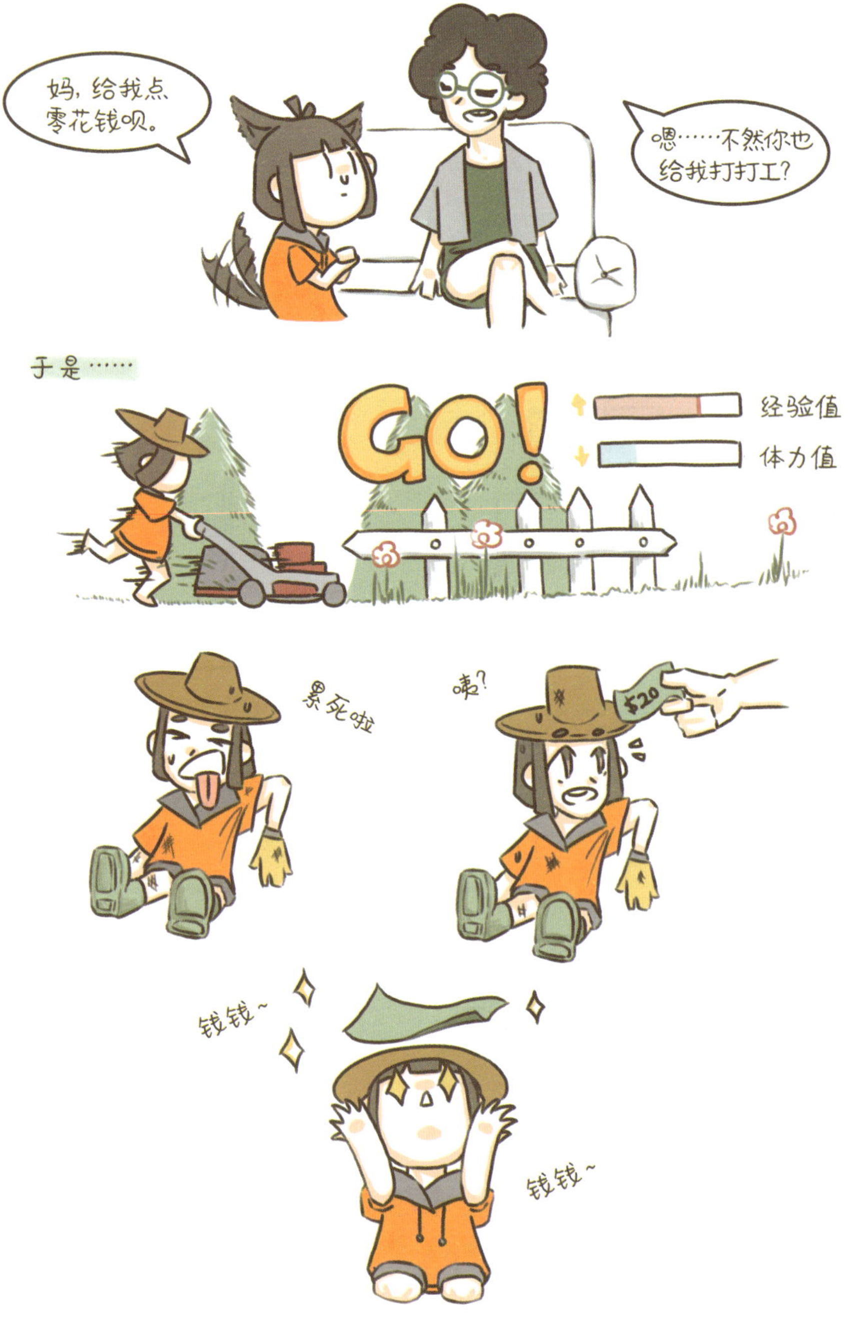
妈，给我点零花钱呗。
嗯……不然你也给我打打工？
于是……
GO!
经验值
体力值
累死啦
咦？
$20
钱钱~
钱钱~

然而缺钱的不只我一个。

World Culture Club 打算通过卖面包圈赚差价来集资，我们社员需要做的就是：

☑ 跪求别人买天价面包圈。

☑ 从社长那里领货。

满满一屋

☑ 然后变身快递小哥！

敲门
钱钱~
我们童子军在集资，
请问你要一盒曲奇吗？
（中文大意）
那个……
我就不……
（中文大意）
不……要……了……
Bling~
Bling~
Bling~
卡哇伊
好吧，我要。QAQ
$10

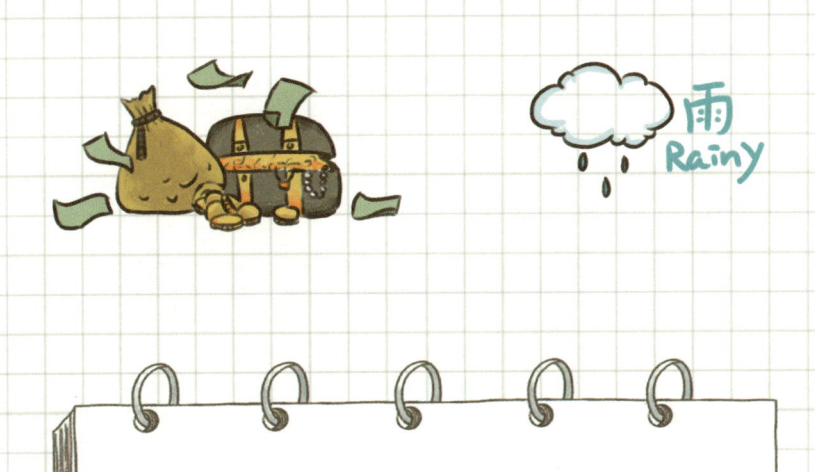

来美国后的第一个"黑五"（每年11月的第四个星期五，很多商场打折促销，以吸引民众为圣诞节大采购），我初次和新结交的朋友们外出放风。面对打折的心仪商品朋友们还是很克制自己的购物欲的，中午吃饭时也是AA制，甜品还两人分着吃，总之就是很节（抠）俭（门）。饭桌上，他们问起传说中的中国压岁钱，一个个都垂涎三尺的样子。原来，他们今天的消费花的全是自己赚的零用钱，怪不得如此俭省。

　　握着出门前向老妈要的20美元（其实是40美元，已经被我豪掷一半了），姑娘我有些不淡定了，难不成我现在的行为就是传说中的啃老？于是，慌忙向他们请教赚钱之

道。朋友们七嘴八舌替我分析：我平时戴的饰品多数是自己用软陶做的，这样的手艺，一个至少可以卖3美元。我会弹古筝，而且是业余10级，完全可以教初级的古筝爱好者，这里钢琴课一节一般要60美元左右，所以我至少可以收20美元一节。我妈弱女子一个，家里很多活儿要从外面请人做，我尽管是非专业人士，工钱可以减半嘛！三个臭皮匠果然厉害，经她们一通挖掘，我发现自己竟然是一支赚零花钱的潜力股！

从那以后，我再也不是老妈嘴里那个眼里没活儿，油瓶子倒了都不扶的家庭闲散人员了。辛苦归辛苦，姑娘我的小钱包也是一天鼓似一天，关键是老妈还时常夸我替她省了钱，你看这是怎么话儿说的，倒真叫我心虚不已了。

娅儿独白

CHAPTER 15

学业诚信初体验

Academic Integrity

2:00-3:00

不！要！作！弊！

> 妈妈絮语

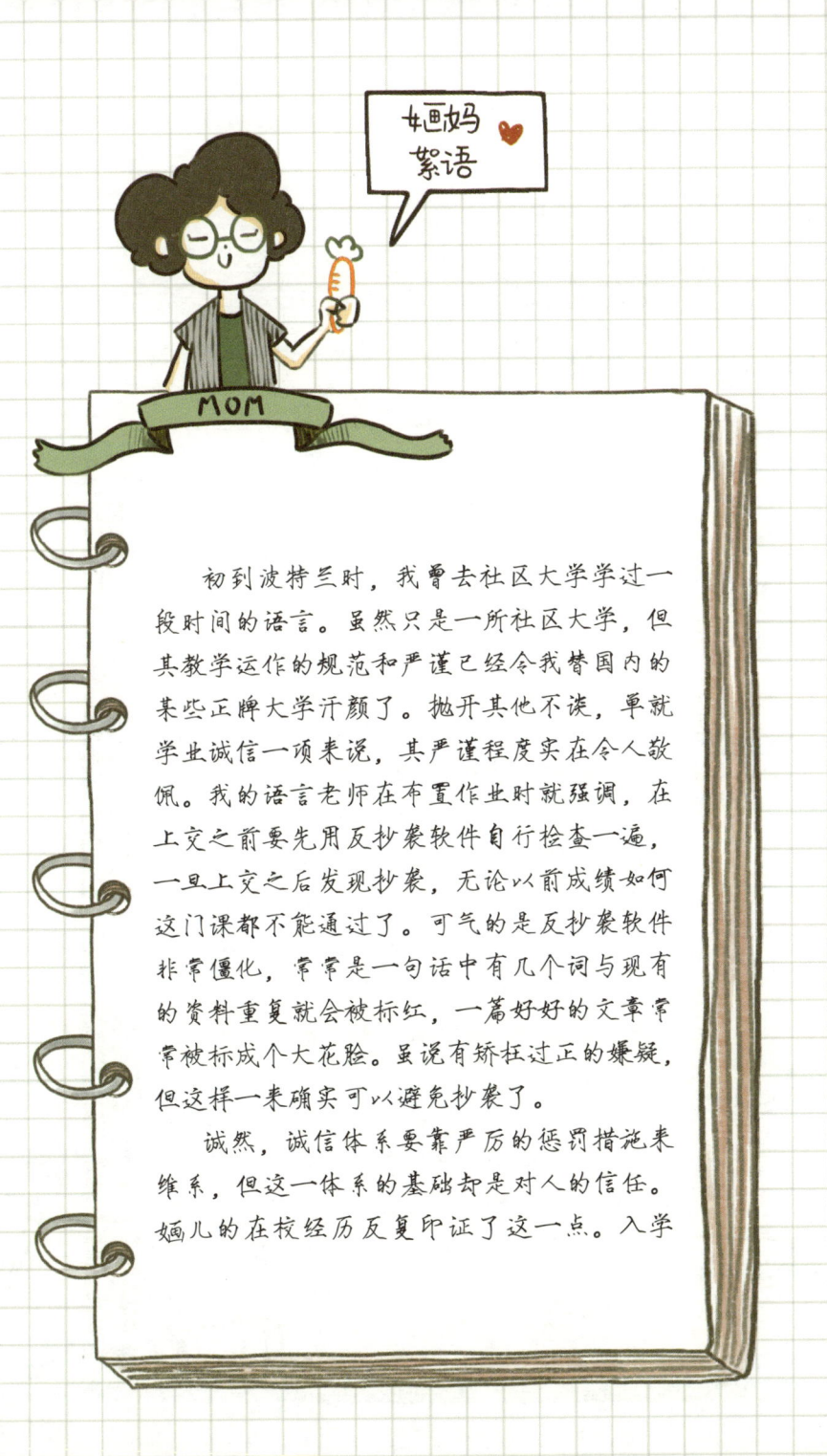

MOM

　　初到波特兰时，我曾去社区大学学过一段时间的语言。虽然只是一所社区大学，但其教学运作的规范和严谨已经令我替国内的某些正牌大学汗颜了。抛开其他不谈，单就学业诚信一项来说，其严谨程度实在令人敬佩。我的语言老师在布置作业时就强调，在上交之前要先用反抄袭软件自行检查一遍，一旦上交之后发现抄袭，无论以前成绩如何这门课都不能通过了。可气的是反抄袭软件非常僵化，常常是一句话中有几个词与现有的资料重复就会被标红，一篇好好的文章常常被标成个大花脸。虽说有矫枉过正的嫌疑，但这样一来确实可以避免抄袭了。

　　诚然，诚信体系要靠严厉的惩罚措施来维系，但这一体系的基础却是对人的信任。妞儿的在校经历反复印证了这一点。入学

小抄

之初，因为语言障碍，她考试时需要借助翻译器，各科老师都非常和善地允许她在考场上使用翻译器甚至是手机。我想，老师们也一定明白，现在的翻译器或手机都是有多种功能的，学校内部又提供免费Wifi，如果不是对孩子充分信任，他们是绝对不会允许考场里出现辅助电子设备的。再如，她参加的ELD结业考试对时长竟然没有设限（高中有考试时长规定），每天孩子们在规定时间进入考场，按自己的进度答题，先答完的可以回ELD班上课并等待最终的成绩，做得慢的第二天接着去考。学校完全没有疑虑考生们可以在考场外讨论试题，或者记住不会的题目回去查询答案。

　　平时给予学生充分的信任，一旦有人违反规则，惩罚措施便异常严厉。这样的学业诚信规则潜移默化地培养了孩子们的信用意识。待到成人后，便能更好地适应这个极其重视个人信用的社会。

某次考试中

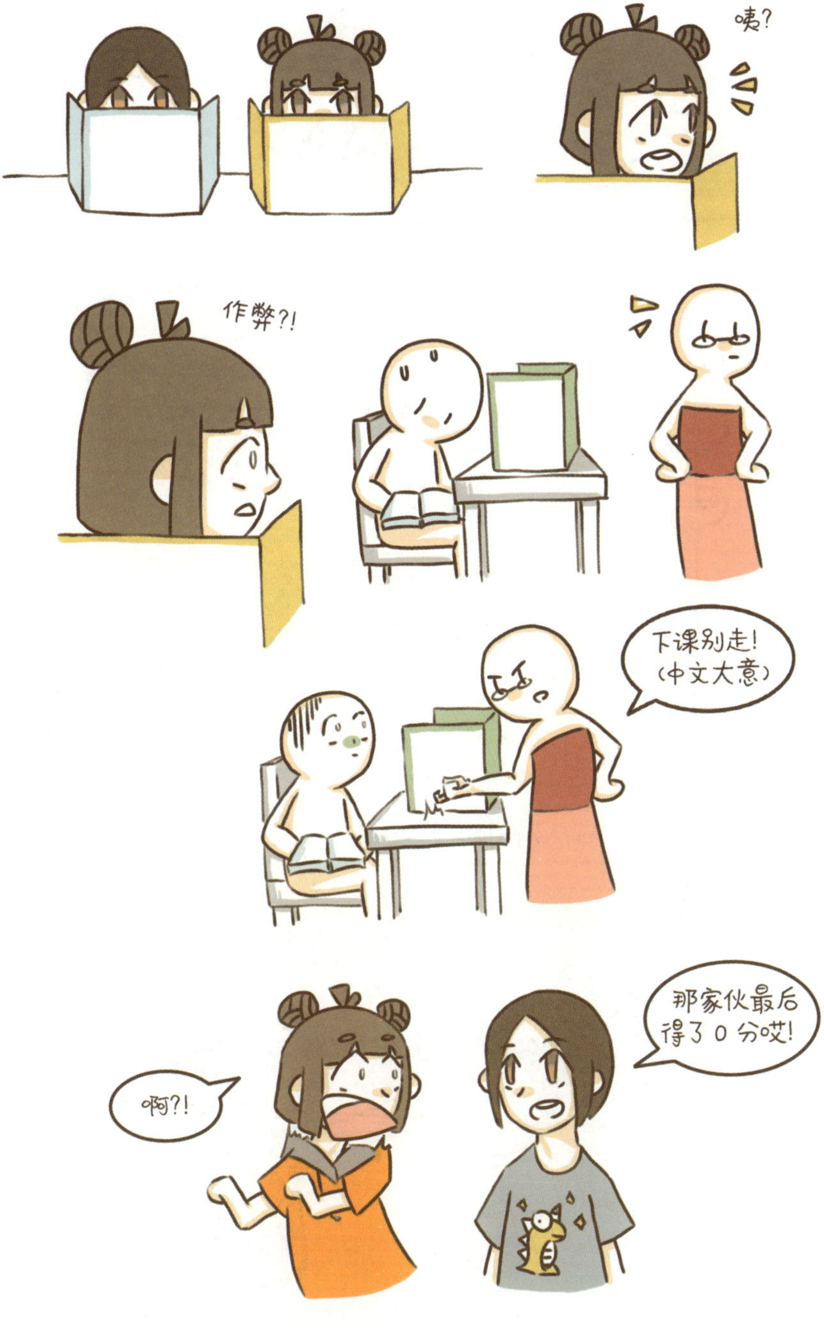

这算啥啊！在高中作弊的话……
高中作弊后果
1、此科老师不会帮你写大学推荐信。
2、情节严重的会留下不良记录。
作弊者
3、其他科的老师也有可能被告知。
看来以后作弊得小心了！
你走开！
开个玩笑

小剧场：美国中学防作弊机制。
作弊招式1：把重点记录在手机上。
防作弊招式1：考场电子设备必须关机。
作弊招式2：偷看同桌试卷。
防作弊招式2：divider（隔挡）挡住视线。
作弊招式3：抢走同桌的divider然后看试卷。
防作弊招式3：考试分A、B卷。
A卷
B卷

但学校同时又给予了学生充分的信任。

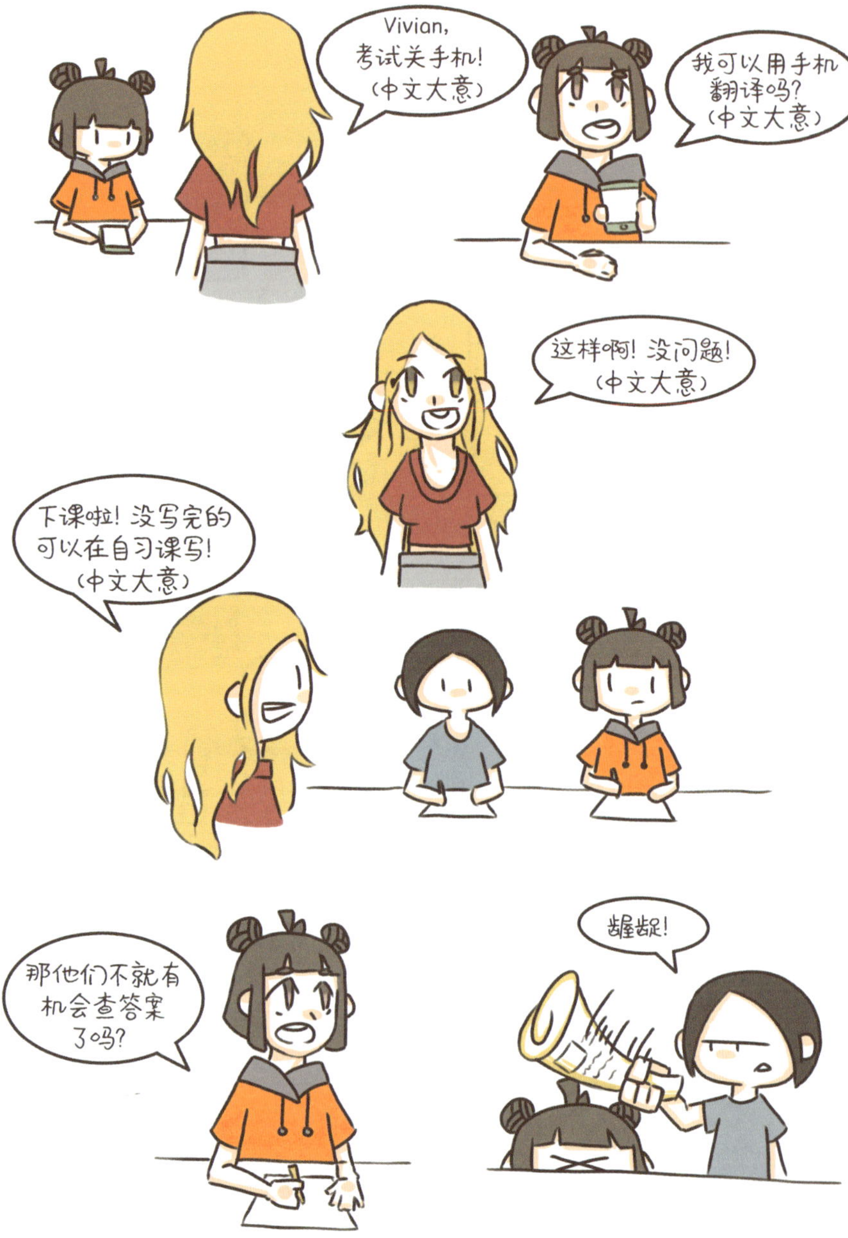

12:00 PM

你论文咋还没写完?
引用已有的文献要标注作者、出版日期、引用日期、出版商、文献类型、文献名称、网址、版本、网站名称……
work cited
都是这个害的!
可是我真的找不到出版日期啊!
可恶!!

带小抄还是不带小抄？

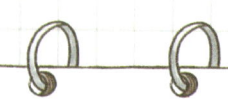

雨 Rainy

　　震惊了！震惊了！！今天化学元素表摸底考试中有人作弊，同学们的各种反应真是太令姑娘我震惊了！

　　考试开始没多久，老师有事出了教室，一位自作聪明的小哥趁机悄悄打开笔记本偷瞄。当时我正搓手顿足地纠结于几个蹊跷的元素名词，忽闻有人喝道"那谁、谁、谁，你怎么作弊"！吓得我循声望去，只见那说话之人怒视有作弊嫌疑的小哥，一副气鼓鼓的样子。那小哥连忙胡乱掩饰，教室里叽叽喳喳了一阵之后又安静了下来，试题不容易，大家又都抓耳挠腮各忙各的了。我偷瞄到那小哥又悄悄地摸出了笔记本，唉，这人执念够深的！正替他惋惜之际，老师推门进来了。接下来发生的一幕是我万万没有想到的：还没等老师坐稳，便接二连三有同学站出来报告自己看到小哥作弊。看大家一副与作弊者不共戴天的架势，那小哥是栽定了。恍惚间我心头竟然生出些许对"告状党"们的崇敬之情，这些人真正是疾恶如仇，充满正义感的人啊！最让人觉得没脸的是，那作弊小哥是位亚裔！兄弟，咱们亚裔可是以勤学聪颖闻名于海外学术界的，可不可以自重些？别到头来因为作弊技巧出了名啊！

婳儿独白

CHAPTER 16

看急诊心得

It's an Emergency !!

2:00-3:00

@#*&%#@#

> 妈妈絮语 ♥

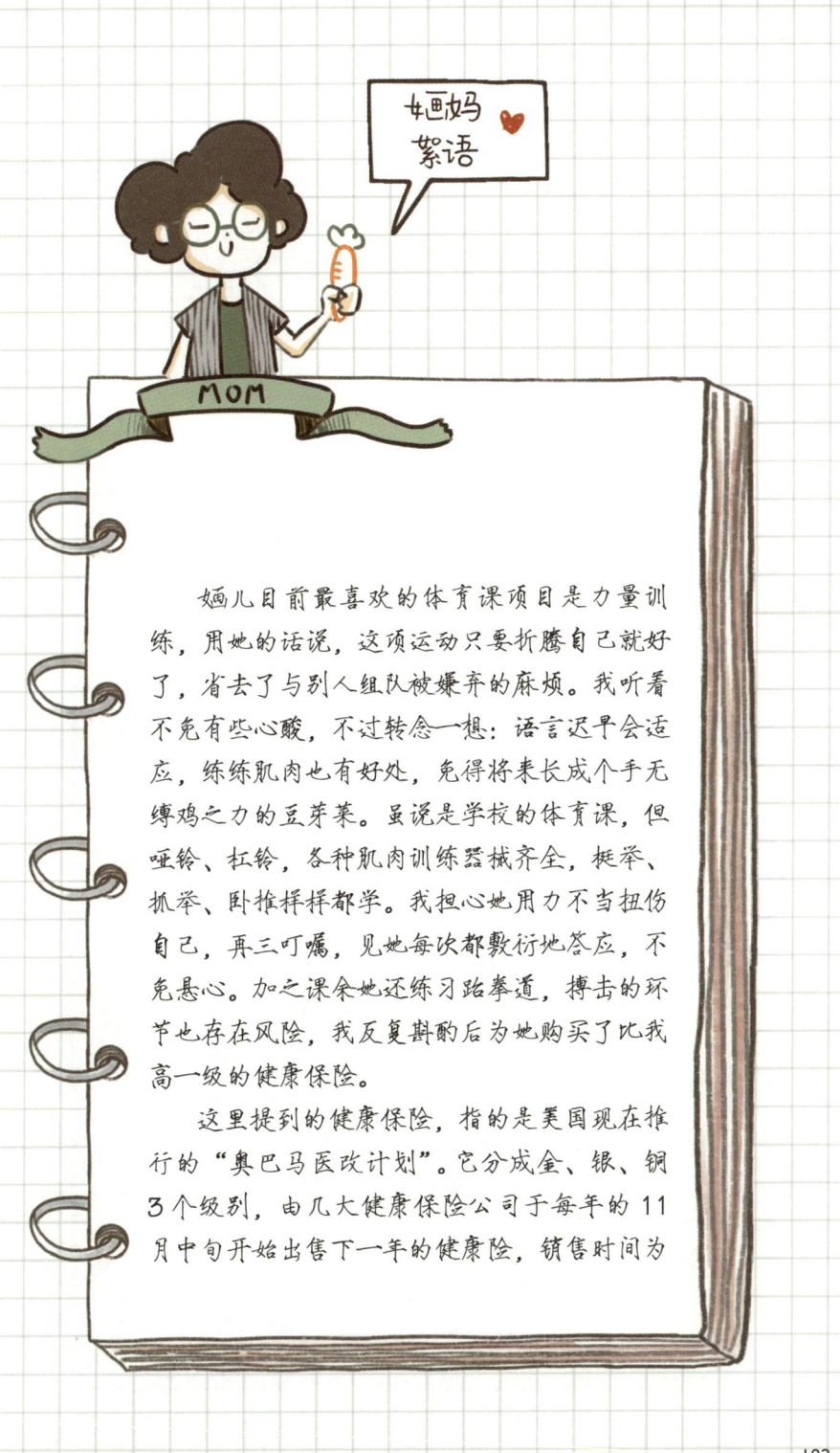

MOM

　　婳儿目前最喜欢的体育课项目是力量训练，用她的话说，这项运动只要折腾自己就好了，省去了与别人组队被嫌弃的麻烦。我听着不免有些心酸，不过转念一想：语言迟早会适应，练练肌肉也有好处，免得将来长成个手无缚鸡之力的豆芽菜。虽说是学校的体育课，但哑铃、杠铃，各种肌肉训练器械齐全，挺举、抓举、卧推样样都学。我担心她用力不当扭伤自己，再三叮嘱，见她每次都敷衍地答应，不免悬心。加之课余她还练习跆拳道，搏击的环节也存在风险，我反复斟酌后为她购买了比我高一级的健康保险。

　　这里提到的健康保险，指的是美国现在推行的"奥巴马医改计划"。它分成金、银、铜3个级别，由几大健康保险公司于每年的11月中旬开始出售下一年的健康险，销售时间为

1个月。经过审核，经济能力差的家庭可以买另外一种福利性保险，看病时自付额很低，基本靠政府补助。除此之外人人都要购买正常的健康险，否则会被罚款（2019年取消罚款规定）。保费依投保者的年龄和选择的级别不同而有异，婴幼儿高于青少年，中年以后年纪越长保费越高，同龄的男性保费高于女性，铜、银、金保费依次递增。当然，保费越高，就医时保险公司的补偿额也越高，医疗资源的选择范围也越大。媥儿作为青少年，当年的银计划每月交费160多美元，而我作为中年人，当年的铜计划每月交费达到300多美元，这个价格还不包含眼科和牙科两个专科的保费。

  虽然买了保险，但除了入冬时打了两针流感疫苗，我们并没怎么看过病。因为看病一般需要先预约自己的家庭医生——等个两三天很正常，而且家庭医生是全科医生，基本是一个初诊的水平，真要有什么问题会将你转去专

Walk-in

科医生处再诊治，整个就医过程烦琐低效。所以平时有个头疼脑热的，自己吃些国内带来的药也就扛过去了，省去了预约排队的麻烦。但总有发生意外的时候，有一天，媚儿在体育课上举杠铃时被砸伤，情急之下，预约家庭医生肯定是来不及了，我急匆匆地带她去了附近的"walk-in"诊所（不用预约的诊所），但医生说需要拍X光片，诊所没设备，只能去看急诊（急诊费用医保不负担）。好在有惊无险，我们两人在急诊室忐忑不安地等待了3个多小时后，终于等到了医生的结论：暂时无事，注意观察，如有不适联系家庭医生。

过了十几天，收到急诊账单，一张X光片，几句医嘱竟然收费1200多美元。媚儿见到账单后心虚地吐了吐舌头，表示以后上体育课一定会加倍小心。可见平素人们骑自行车都会戴头盔的超级安全意识也是被这高昂的医疗费用逼出来的。

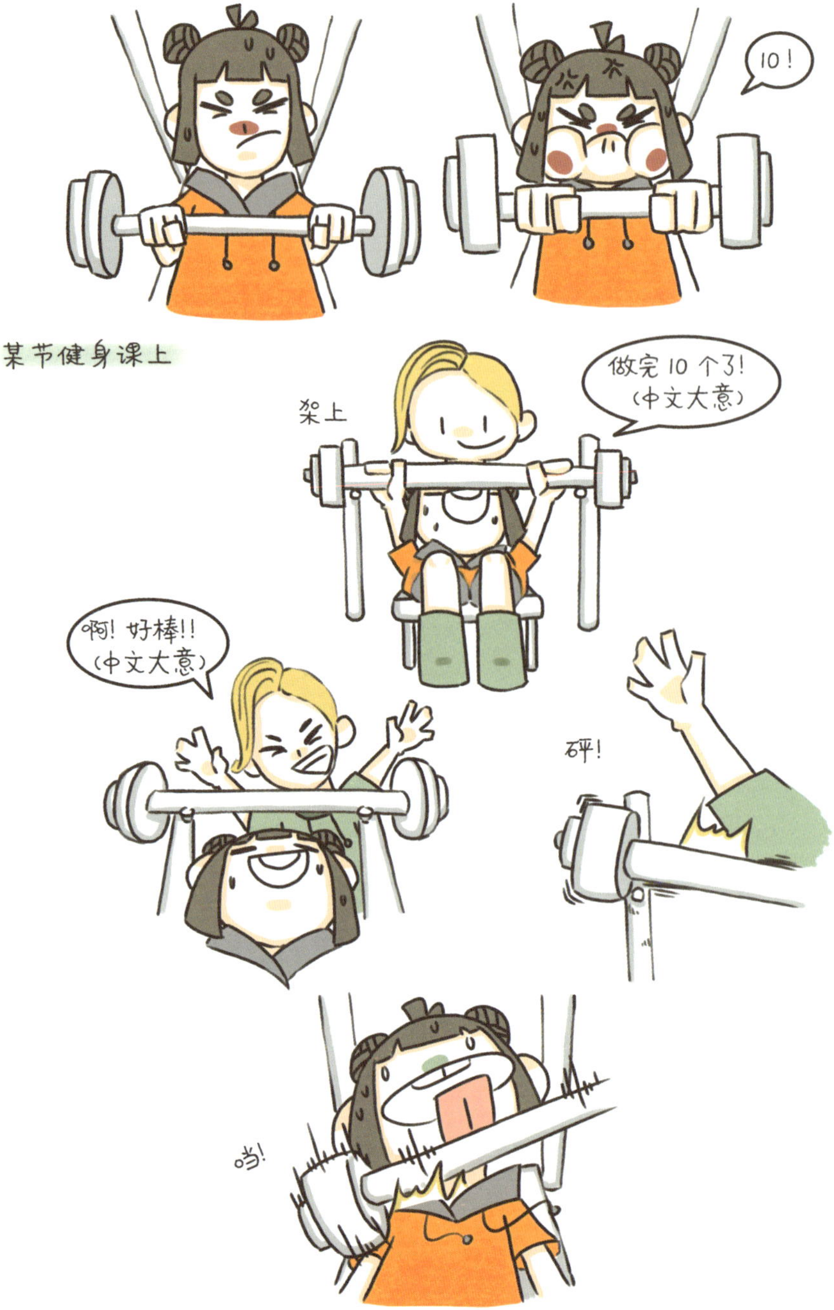
10！
某节健身课上
架上
做完10个了！
(中文大意)
啊！好棒!!
(中文大意)
砰！
噹！

没死但请假回家的我。
我没事。
走！去医院！
不行！你要是一会儿吐血咋办?!
吐……吐血……
好吧……我去。
我们得去 Walk-in，家庭医生还要预约。
Walk-in → 无须预约的门诊。
你们得去急诊，我们这没有X光。（中文大意）
哈?!

EMERGENCY
急诊楼
哇！还蛮靠谱的嘛！
两小时后……
你好，醒醒，我是医生。（中文大意）
靠谱啥的，当我没说。
诊费1200美元，你可长点心吧！
最后这一晚的奔波换来了……
完全没问题！
X光片
$1200

这次负伤让我想起了
3个月前的经历……
我给你预约
家庭医生。
咳！咳！
3天后
我的肺
救命！还轮不到
我去医院吗？
终于挨到
医院的我。
这是她的诊疗单。
（中文大意）
只有咳嗽糖浆？没有
消炎药？（中文大意）
你确定？？
不用啊！她
又不严重！
（中文大意）

又过了 3 天……

嗷呜
已变异
呵呵。
看！张阿姨刚从国内带来的消炎药！
嗷呜！给我药！！
不知是什么起了作用，我后来很快就康复了。
消炎药？
咳嗽糖浆？
免疫力？

跑步~

砰!

你知道为什么美国人这么喜欢运动吗?

为什么?

因为在美国看病太麻烦了!

喘! 喘!

跑不动了!

赔我医药费

阴 cloudy

　　俗话说：人算不如天算，当初选择力量训练本是为了避免没人组队的尴尬，谁曾想练习力量的姑娘们都是女汉子型的，粗放又随和，开课没多久我便与几个朋友混熟了。课上大家边练习边探讨，比负重、比肌肉，有时遇到谁的姿势难看还偷偷嬉笑打闹一番，好不快哉！不料正是这不规范的行为最终引发了祸端。

　　幸亏姑娘我命大，杠铃只滑落了一端，我自觉问题不大，又怕连累队友们被教练惩罚，便忍痛没有声张，可老妈担心夜间突生意外来不及处理非要拉我去看医生。这一看可破费大了，我自是又被老妈絮絮叨叨地耳提面命了一番。唉，"不听老人言，吃亏在眼前"。说的就是我吧！

娅儿独白

CHAPTER 17

月是故乡明

Homesickness

2:00-3:00

我想家了

妈妈絮语

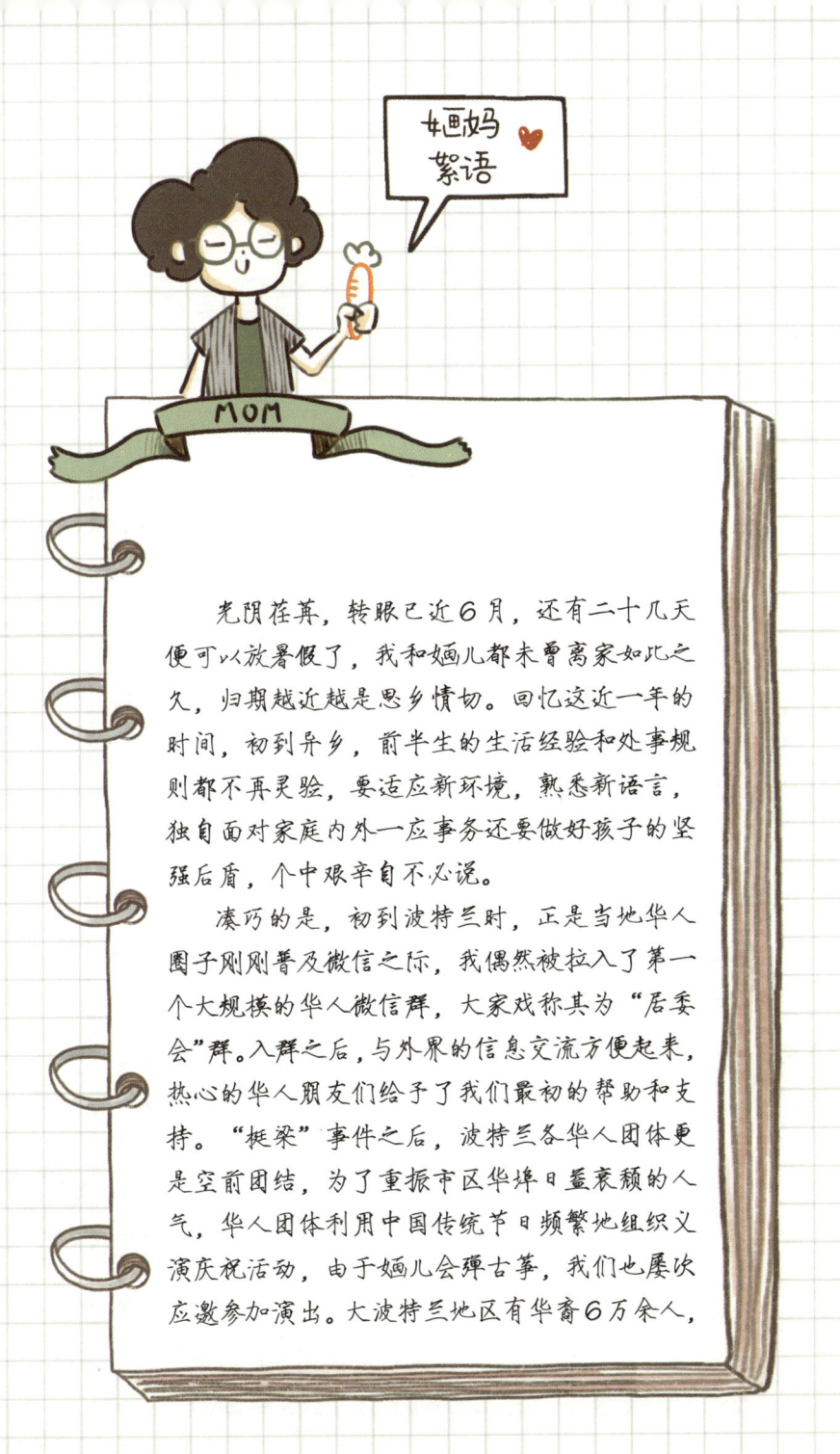

　　光阴荏苒，转眼已近6月，还有二十几天便可以放暑假了，我和妲儿都未曾离家如此之久，归期越近越是思乡情切。回忆这近一年的时间，初到异乡，前半生的生活经验和处事规则都不再灵验，要适应新环境，熟悉新语言，独自面对家庭内外一应事务还要做好孩子的坚强后盾，个中艰辛自不必说。

　　凑巧的是，初到波特兰时，正是当地华人圈子刚刚普及微信之际，我偶然被拉入了第一个大规模的华人微信群，大家戏称其为"居委会"群。入群之后，与外界的信息交流方便起来，热心的华人朋友们给予了我们最初的帮助和支持。"挺梁"事件之后，波特兰各华人团体更是空前团结，为了重振市区华埠日益衰颓的人气，华人团体利用中国传统节日频繁地组织义演庆祝活动，由于妲儿会弹古筝，我们也屡次应邀参加演出。大波特兰地区有华裔6万余人，

其中藏龙卧虎，每次义演的节目都是华人社团自编自导自演，吹拉弹唱、歌舞相声、武术太极，精彩纷呈，我们更是平生第一次看到了正宗的南派舞龙舞狮表演。这些活动不仅提振了华埠的人气，更使初到异乡的我们体会到了来自华人群体内部的温暖，排遣了些许节日期间的思乡落寞之情。

由于我们住的地区接近英特尔公司最大的芯片工厂，所以周围聚集了许多从事IT行业的华人朋友。中秋、元旦、春节、端午期间，我们受大家邀请参加过几次家庭聚会，令人惊讶的是那些天天操弄键盘、鼠标的手竟然也包得了粽子，做得了月饼，更别说是各自的家乡美食了。每逢聚会，每个受邀的家庭都会带一两样拿手的菜式聚集到主人家，大伙儿看着国内的节日庆祝晚会，品尝着天南海北的美食，畅谈生活闲事、时政要闻，互慰思乡之情。席间若有刚回国探亲归来的朋友聊起国内的见闻，便会掀起一阵话题的高潮，微信支付、共享单车、无人服务餐厅等这些与IT有关的话题最受关注。每一位游子都深知，强大的祖国才是他们在外的精神依靠和自信来源。

手工抹茶月饼

小笼烧卖

夫妻肺片

天啊！这中秋聚会来得太值啦！

不过我们社区有这么多华人吗？

从来没发现呢！

Vivian! 听说你会弹古筝？

大吃特吃

会啊！请问有
什么事吗？
兰苏中国花园有
新年表演……
很快到了新年……
哇！好有中国气息！
好棒啊！
换了演出服
冻死了的我。
好棒什么的，
算我没说！

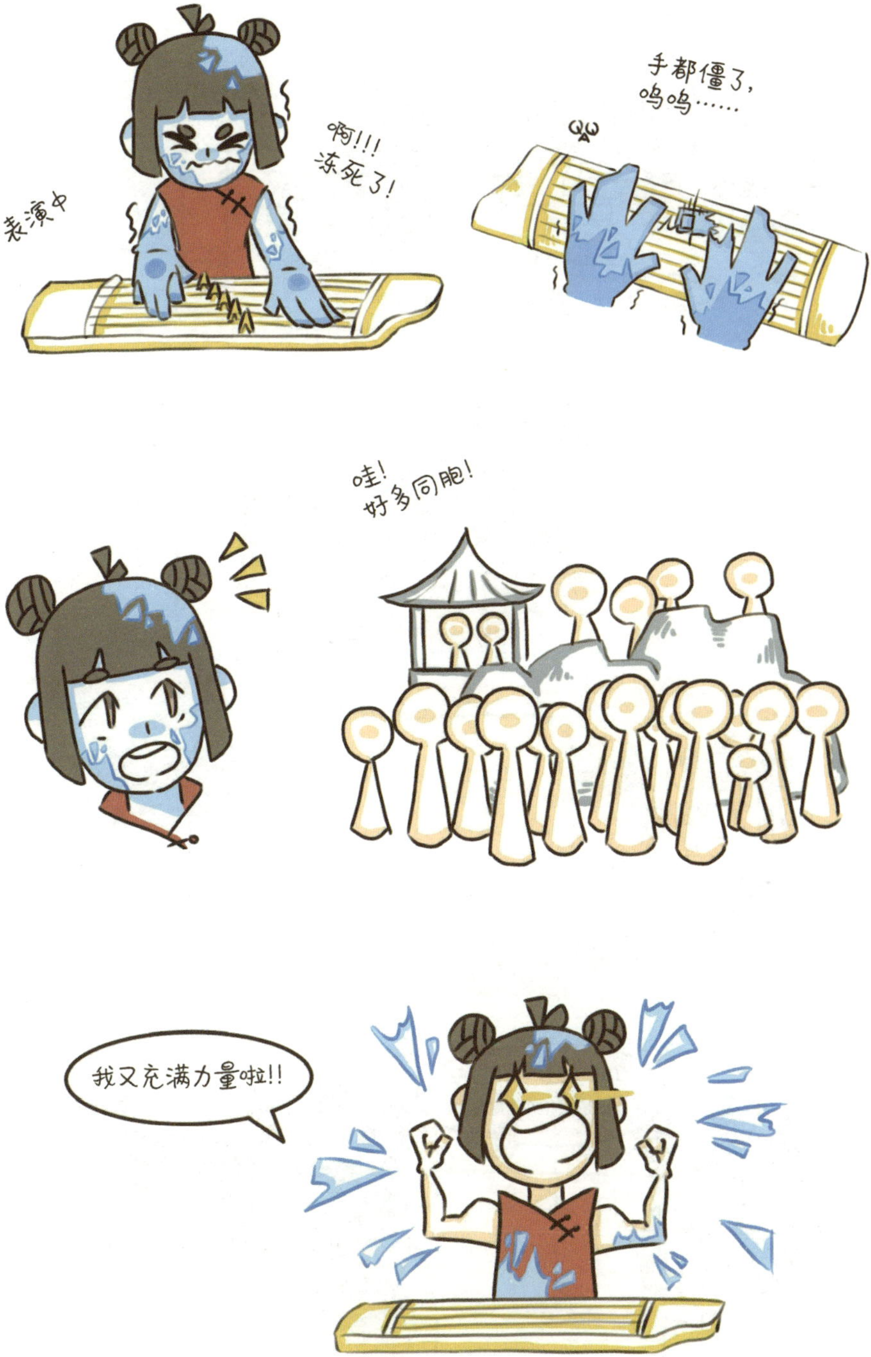
表演中
啊!!!
冻死了!
手都僵了,
呜呜……
哇!
好多同胞!
我又充满力量啦!!

新年其他活动……

和表妹一家吃团圆饭。
泪点
和远在中国的家人视频。
泪点
看春晚重播。
泪点
我忍不住了!
也祝远在海外的同胞们新年快乐!
暴击
泪点
放飞自我中。

说到思乡，我对“出国之后才发现自己有多爱国”这句话深有体会。

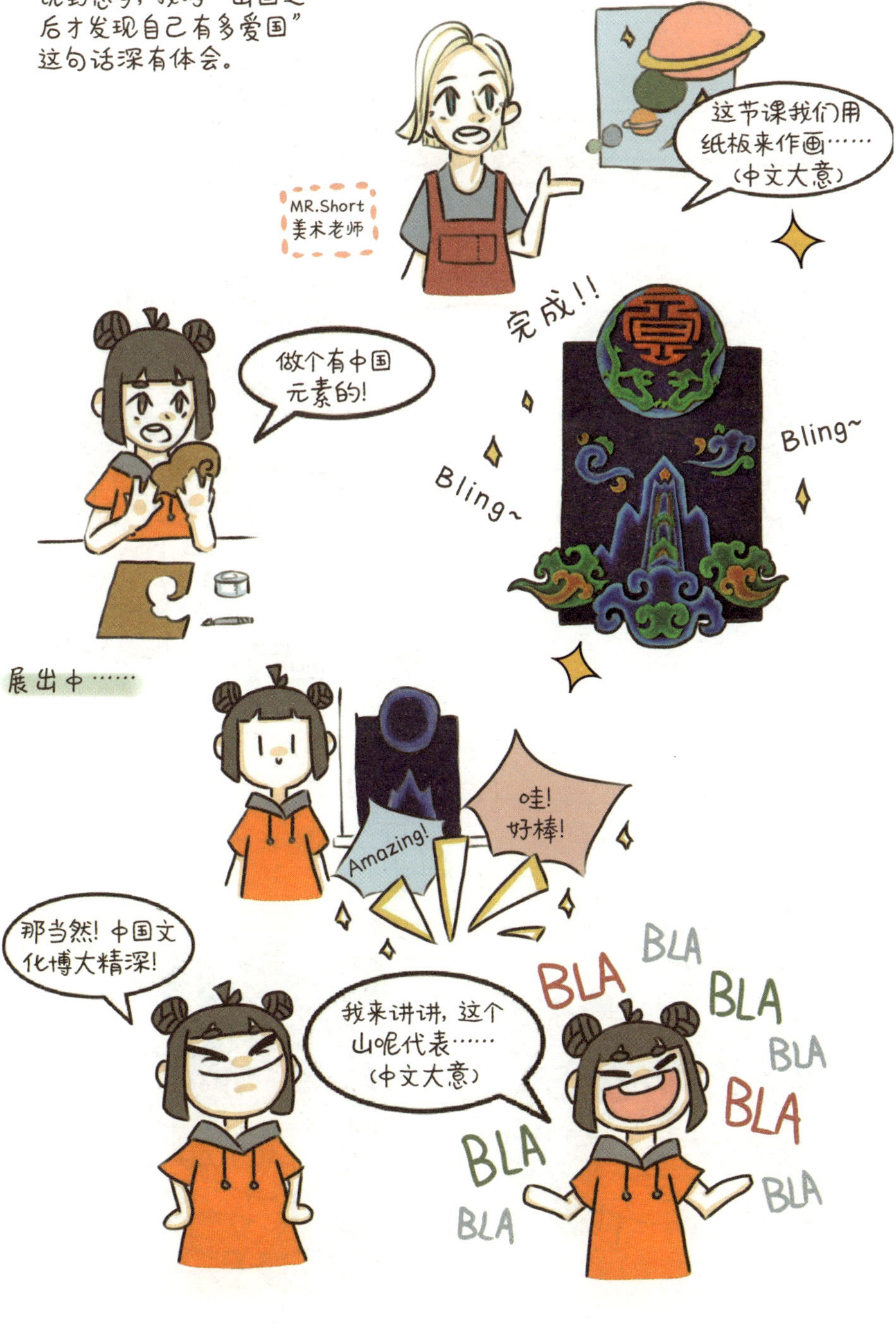

3月文化展的入场式是国旗秀
快过来了!
中国国旗在哪呢?
来了来了!快拍照!
CAMERA
这是哪国国旗啊?
这是中国国旗!

爱国心

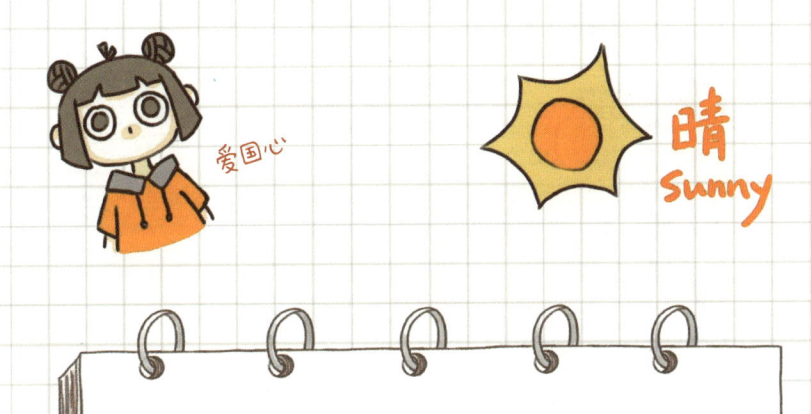

晴
Sunny

　　来美半年后正好到了春节，那个阶段我最是想家。除夕夜和爷爷奶奶视频聊天，看到一家人热热闹闹地围坐在一起，看春晚、吃年夜饭，姑娘我竟非常不争气地流下了眼泪。"喝酒、吃饭、看电视"，这曾令我万分鄙夷的乏味的节日打开方式，如今却成了魂牵梦绕的场景。"每逢佳节倍思亲"这句诗，以前并没觉得有何特别之处，现下才体会到其中蕴含的真情。原来，只有离家远了才能真切感受到亲情的羁绊与温暖。

　　于家如此，于国也是如此。回想在国内时，学校每周一升国旗唱国歌时，大家不免心不在焉、交头接耳，浑不知爱国为何物。如今我离国万里却爱国成痴，每每遇到周围同学中有人不承认台湾是中国的领土，有人不知道二战中日本曾经侵华，有人认为钓鱼岛弹丸之地何必争执这类事情

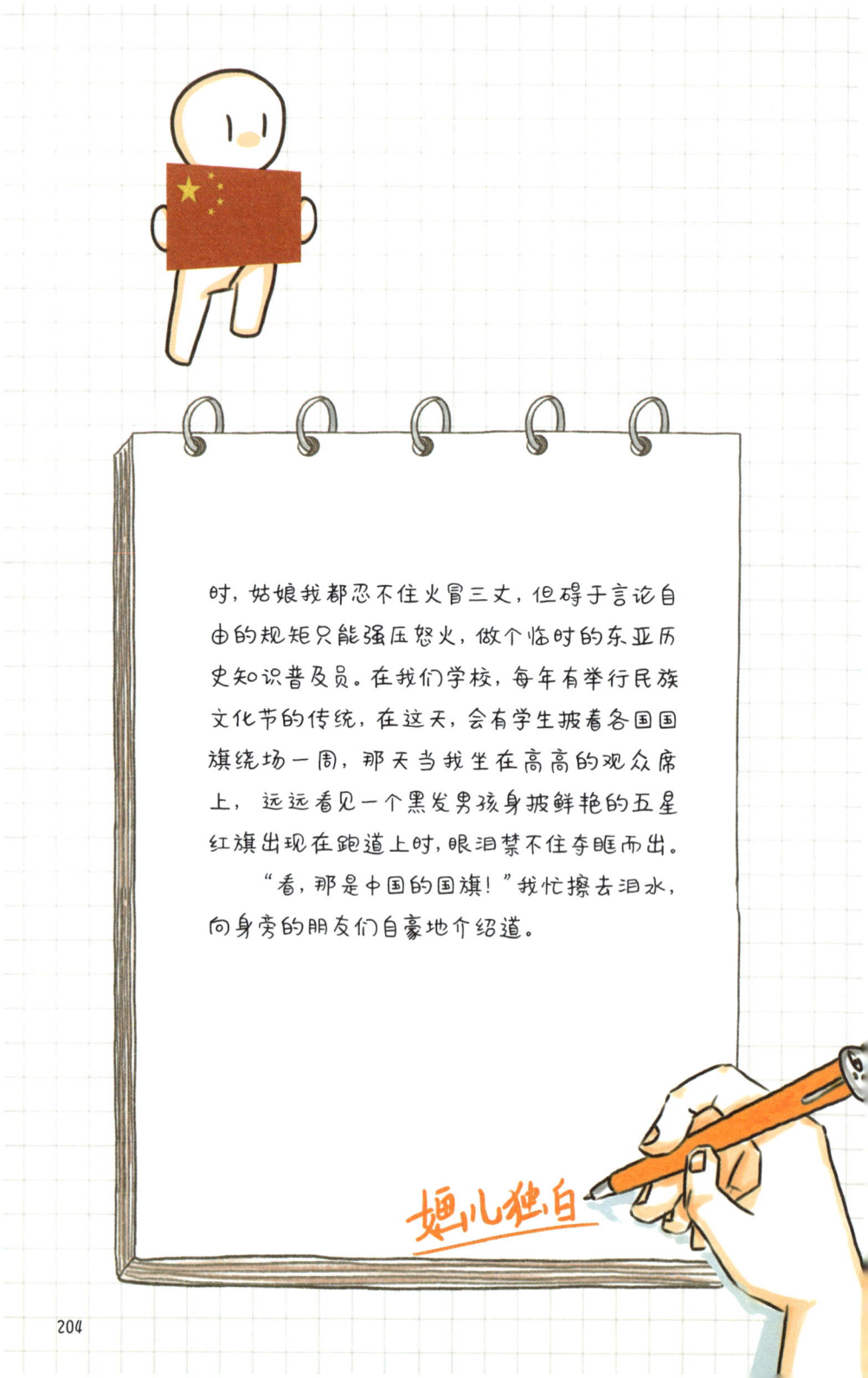

时，姑娘我都忍不住火冒三丈，但碍于言论自由的规矩只能强压怒火，做个临时的东亚历史知识普及员。在我们学校，每年有举行民族文化节的传统，在这天，会有学生披着各国国旗绕场一周，那天当我坐在高高的观众席上，远远看见一个黑发男孩身披鲜艳的五星红旗出现在跑道上时，眼泪禁不住夺眶而出。

"看，那是中国的国旗！"我忙擦去泪水，向身旁的朋友们自豪地介绍道。

婳儿独白

CHAPTER 18

毕业啦!

I'm graduated !!

2:00-3:00

> 妈妈絮语

6月中旬，婳儿终于毕业啦！别看只是一个中学的毕业仪式，学校和家长都格外重视。那天，在绿草如茵的球场，整个8年级的孩子们盛装出席。在主席台上，首先是年级领导和老师发言，然后是几位学生代表发言。大家回首过去，展望未来，言谈间尽是感恩和祝福，每一位发言者都侃侃而谈，没有一人拿稿子照本宣科的。发言完毕后，老师根据学生姓氏首字母在英文字母表上的顺序点名，被点到名的孩子出列走上主席台，与各科老师一一握手，领取毕业证书，台下激动的父母亲朋们边挥舞着鲜花，边鼓掌、尖叫、助威。

由于姓氏原因，婳儿是学生中最后一个上场的，我们得空在台下仔细翻阅她的Year Book（学校当年的年鉴，图文并茂地记录本

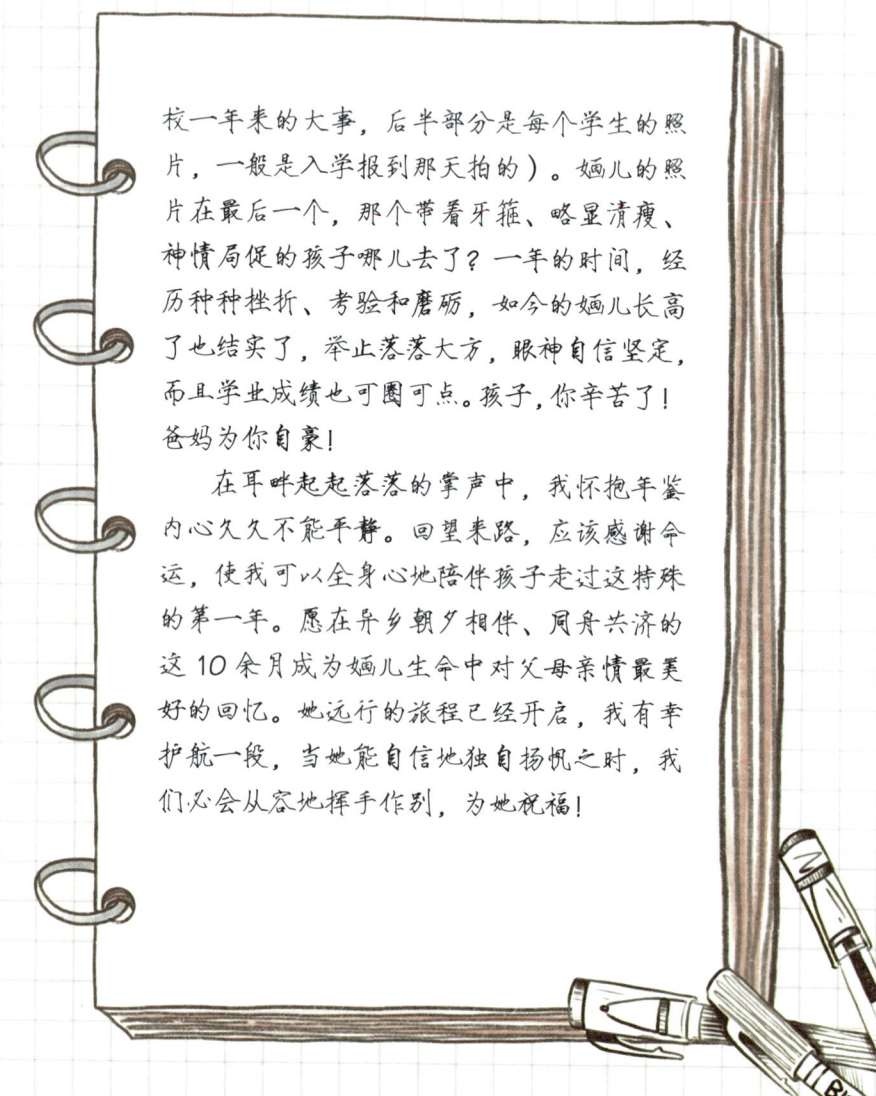

校一年来的大事，后半部分是每个学生的照片，一般是入学报到那天拍的）。婳儿的照片在最后一个，那个带着牙箍、略显清瘦、神情局促的孩子哪儿去了？一年的时间，经历种种挫折、考验和磨砺，如今的婳儿长高了也结实了，举止落落大方，眼神自信坚定，而且学业成绩也可圈可点。孩子，你辛苦了！爸妈为你自豪！

  在耳畔起起落落的掌声中，我怀抱年鉴内心久久不能平静。回望来路，应该感谢幸运，使我可以全身心地陪伴孩子走过这特殊的第一年。愿在异乡朝夕相伴、同舟共济的这10余月成为婳儿生命中对父母亲情最美好的回忆。她远行的旅程已经开启，我有幸护航一段，当她能自信地独自扬帆之时，我们必会从容地挥手作别，为她祝福！

2016年6月19日
毕业典礼

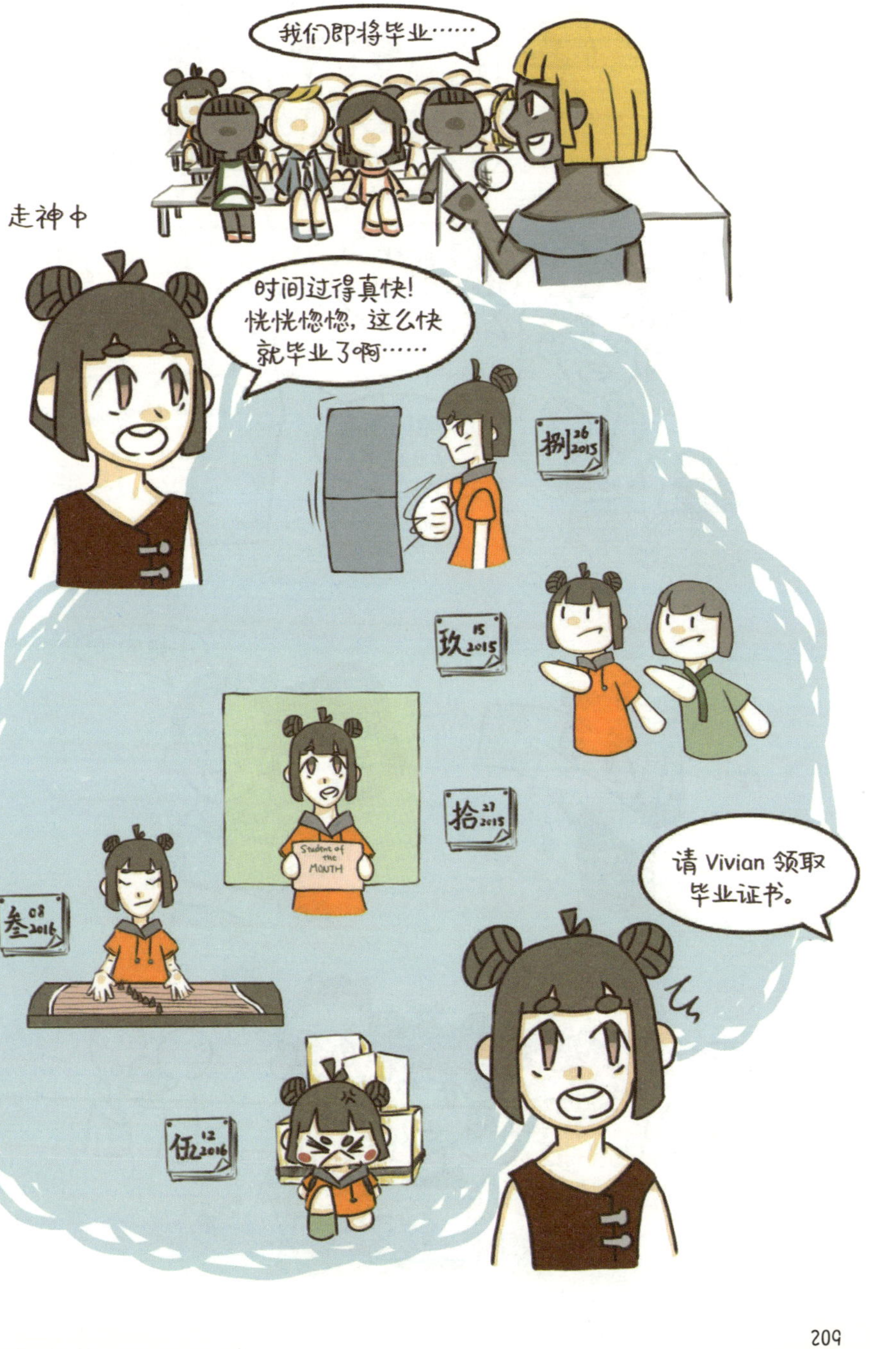

恭喜你毕业啦!
恭喜呀!
我们会想你的!
给!你的
毕业证书!
Certificate of Graduation
awarded to
Jiahua Zhu
哇!!
第一次拿到
毕业证的娃。
小婳同学!
茄子!!
Jiahua Zhu
咔嚓

Vivian!!
我们去玩吧!!
从天而降

自拍台
Insta.
这是在学校哦
Silver Fish
小吃桌
各种游乐设施
天啊!

READY

GO

呵呵,你们死定了!

操作员已走火入魔。

哈哈哈! Ann 我会给你烧纸钱的!

啊!!!

天道好轮回。

救命啊!

茄子！
厕所自拍
下学期见！
拜拜！
高中见！
高中见哦！
高中见！
就这样，随着毕业季的到来，我赴美留学的第一年也结束了……
S Middle School

毕业撒花！！

特别晴！！
♥ Super Sunny ♥

　　昨天一早，两只乌鸦停在窗外的大树上"呱、呱、呱"地叫个不停，我心头暗想：莫不是有喜事临门？（各位看官莫奇，只因此地罕有喜鹊，加之乌鸦和喜鹊本都是鸦属，而且唐朝以前乌鸦也被视为报喜鸟，故而我便私自封村里的乌鸦为吉祥鸟。）果不其然，上午便收到邮件，我的转学申请批准啦！我就说乌鸦是报喜鸟吧！

　　原本根据我家所在学区的位置，今年秋季我应该升入日落中学（Sunset High School），倒不是嫌它的名字暮气沉沉，主要是这所学校实行的是 IB 教学系统，相对偏重文科一些，以我刚出 ELD 班的语言水平以及对文科的一点点小反感，高一的日子估计会很痛苦，于是我打算转学去偏重理科一点的西景中学（Westview High School）。3月，我便从学校要了一份转学申请（日落中学会将转学申请呈报学区教育

局审核），填好后交到了日落中学，表明我想去西景中学的意向。各位看官可能觉得我的行为是在"找打"，嘿嘿，不瞒您说在我刚听到这样的转学程序时也有同样的想法。但是既然有规定，咱们"有枣儿没枣儿打它一竿子试试"，没准成了呢？万万没想到，一起递交申请的几个同学中只有我被批准了，众人很不服气，纷纷审问我如何写的申请。其实我只填了两条理由：一是相比 IB 教学系统，我更感兴趣西景中学的 AP 教学系统；二是我初来乍到语言水平不佳，才交了几个朋友，但他们都是属于西景学区的，这让我很失落。两句大实话便换来了申请的成功，实在是意外的惊喜！

　　下周姑娘我便要初中毕业了，真是激动啊！想到国内原来的老铁们开学才上初三，哈哈，我便迫不及待地要回去向她们炫耀了！虽然我未

来的高中是4年制，但是到底我比她们提前一年成为高中生呐！不过兴奋之余还是有些忐忑，据说高中课业压力比较大，尤其西景高中是AP教学系统，竞争尤为激烈。不过有8年级一年的经历垫底，我倒也不是特别担心，再难还能难过刚入学时语言不通、环境陌生的阶段吗？

回想这匆匆忙忙的一年，经历太多一时竟不知从何说起，姑娘我不是矫情的人，过往岁月就让它随日记封存了吧！乌鸦们常常在窗外拉歌，我知道自己是个幸运的人，不然怎会有老妈一路仗义相伴？每天清晨被老妈的早饭香醒的幸福不是人人都可以享受到的，我很珍惜，我也会更努力，决计不负青春！

娅儿独白

去美国留学的行前准备

1、签证

一般情况下，如果孩子是美国公民或持有美国绿卡，可以直接入读公立学校。

- 美国公民 U.S.CITIZEN
- 永久居民（绿卡）PERMANENT RESIDENT

家长持有工作签证、学生签证、访问学者签证也可以为孩子申请相应的赴美签证，如：

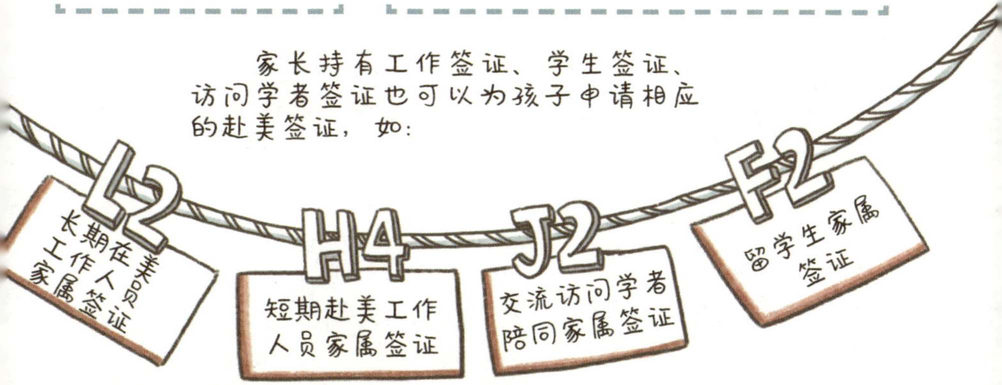

- **L2** 长期在美国工作人员家属签证
- **H4** 短期赴美工作人员家属签证
- **J2** 交流访问学者陪同家属签证
- **F2** 留学生家属签证

WARNING

孩子自己持有F1留学生签证或持有J1国际交换学生签证，也可以入读当地学校。个别家长存有侥幸心理，为孩子申请B2旅游签证赴美读书，这是违犯美国法律的行为，一旦被发现将导致孩子学业中断，得不偿失。

2、择校

① 公校

从节约留学费用的角度来讲，优质的公立学校没有私校那样高昂的学费和激烈的入学竞争，是多数留学生的首选。

公校入读条件：
有美国公民身份，或有美国绿卡，或者如上所述持有L2、H4、J2、F2签证。另外，持有F1留学生签证或者J1交换学生签证，也可以在公立学校就读半年或者一年的时间。

② 私校

与公校相比，私校教育经费相对雄厚，教学标准高，师资力量也更强大，理论上学生升入理想大学的可能性更大。

3、入学条件

标准化考试

- 在校成绩（GPA）
- 国际生：即语言考试成绩（一般是托福或雅思）
- 私校申请SSAT成绩
- 有的学校还会有面试的环节

婳妈小Tips

除了学术排名和学费外，学校所在地的治安情况、对外来人口的包容程度、物价情况、各族裔人口比率、交通便捷程度等，都是家长们需要额外考虑的因素，这将关系到未来几年孩子的人身安全和生活质量。

4、行前资金方面的准备

(1) 充足预算

孩子赴美留学，私校学费、路费、食宿费、学杂费、医疗保险费，日常零用加起来，每年至少需要人民币40万左右的开支。再加上近年来美元兑人民币汇率一路攀升，留学成本在无形中加大。对于大多数家庭来讲，做好资金规划是送孩子留学前较为关键的一步。

(2) 外汇管制规定

目前我国仍然执行每人每年5万美元限额购汇的个人外汇管制制度。而且，国家外汇管理局一再细化兑换美元的临时细则，所以在国内购汇后汇往海外学子账户的程序相对烦琐而且金额有限。

(3) 用好信用卡

在目前的这种外汇管制规定下，孩子在海外消费较为便捷的方式是用信用卡。临行前家长可以为孩子办理自己名下信用卡的副卡，并限定副卡的信用额度。这样，一来在国外消费不再受外汇管制额度的限制（目前在海外购买人寿险不能用信用卡支付），二来也可以随时监控孩子的消费记录，确保不发生失控消费。

(4) 美元现金

关于携带美元现金入境的问题，美国海关有专门的规定：每个家庭一次携带入境的现金（不单纯指美元，还包括其他随身携带的币种）超过1万美元的要填申报单，以便入关时申报。隐瞒不报的不仅有可能被查没，还会留下污点，影响未来入关甚至是留学签证的办理。

5、行李的准备

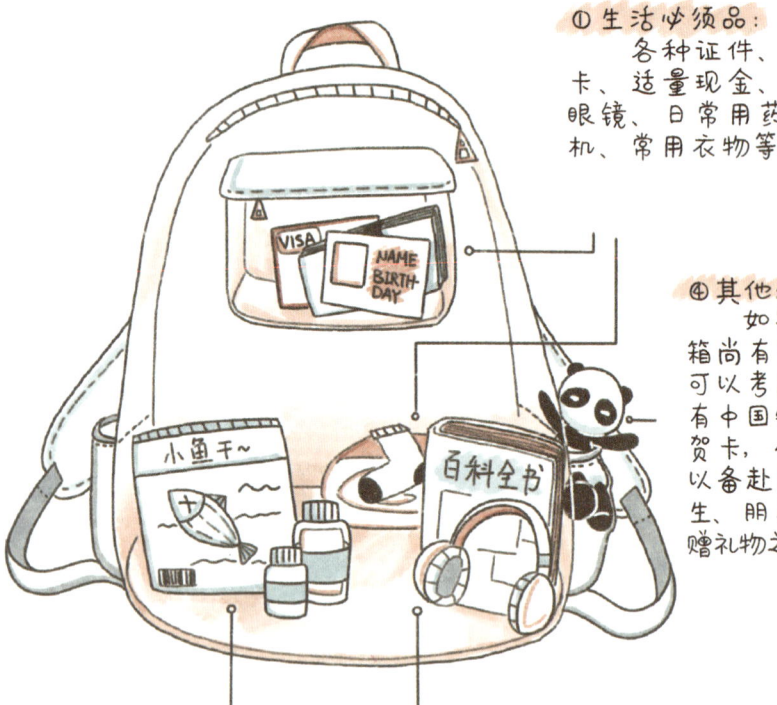

① 生活必须品：

各种证件、银行卡、适量现金、备用眼镜、日常用药、手机、常用衣物等。

④ 其他：

如果行李箱尚有空间，可以考虑带些有中国特色的贺卡、小礼品，以备赴美后师生、朋友间互赠礼物之用。

② 食物：

一般生、熟肉制品（包括肉馅制品）、生鲜水果、农产品都不允许携带，而风干海产品则可以携带。药品最好有中英文说明书和处方，以防海关核查。

③ 学习用品：

正版书籍、小型电子设备，如：鼠标、U盘、耳机、充电器、计算器等等，美国货品价格比国内贵，应该选择性携带，但切记不要带盗版光碟和书籍。

6、留学前个人能力的培养

低龄留学主要指高中毕业之前，甚至是中小学阶段的学生出国留学。这个阶段的孩子自理自控能力、心理调适能力、自我保护能力、是非辨别能力都相对较弱。除个别国际学校的学生外，大多数孩子的英语听力和会话能力也不足以应对国外的生活和教学需求。一旦脱离熟悉的生活圈和家庭、学校的保护，面对不同的教学体系，迥异的语言和文化环境，势必会倍感压力和孤独。而亲情的缺失，在异乡的各种困苦无处倾诉，难免会让孩子产生被抛弃感，留下成长过程中难以抹去的阴影，甚至衍生出各种意外。

所以说，低龄留学是个有风险的选择。为了使孩子们初到异乡的日子过渡得更顺利，今后的求学之路更安全、平坦、高效，出国前，对其全方位能力的评估和培养是绝对不容忽视的。国人自古便崇尚教育，尤其舍得在子女的教育上投入精力和财力。只要家长们早规划、多用心，必定可以换来孩子们各方面的进步和成熟。

如何尽快适应留学生活

1、了解你的学校

在收到录取通知以后，孩子们可以登录学校的网站以及学区教育局的官网，详细研读各方面的信息，做到对未来的学习环境、学校运作规则有一个初步的了解。

在社交平台上与校友们建立联系，也是一个深度了解新学校的好渠道。

2、尽快渡过语言关

① 预习 + 复习

新入学的国际生无论是否就读 ELD 或 ESL 语言班，大部分的课程与普通学生无异，此时跟上班级的学习进度会是一个较为痛苦的过程。充分的课前预习和课后复习可以加深对课业内容的理解，进而有助于课堂学习。

② English all Day

积极地参与俱乐部活动、义工活动和各种体育运动，在课外全方位锻炼自己的语言能力。

自信才是最重要的，要坚信一点：语言只是一个交流的工具，只要坚持使用，由量变到质变的时刻自然会很快到来。

美国教育系统非常注重培养学生的阅读能力，初中和高中阶段都有长长的指导性阅读清单。初到美国的学生要充分利用学校的图书资源，尽力提高阅读量、拓宽阅读面，缩小与美国学生的差距。

3、美式授课方式的特点

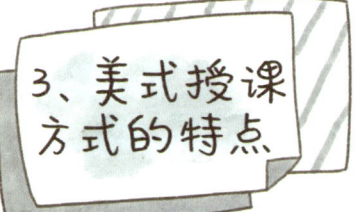

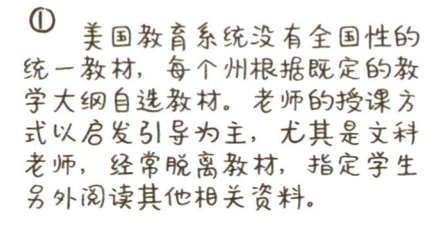

① 美国教育系统没有全国性的统一教材,每个州根据既定的教学大纲自选教材。老师的授课方式以启发引导为主,尤其是文科老师,经常脱离教材,指定学生另外阅读其他相关资料。

② 作业以课题研究报告、实验报告、课堂陈述为主,往往没有固定的答案(理科除外),旨在培养学生的思辨能力和研究分析能力。很多科目会不时布置一些大课题(project),作业以课题研究报告、实验报告、课堂陈述为主。

③ 学生们兴趣点不同,选修的课程也不尽相同,每人都有不同的课程表,所以学校教学只能实行走班制,即各科老师有固定的教室,而学生们每节课根据自己的课程表去不同的教室上课。

4、美式课程设置的特点

每个学年中后期，学生都会被要求填写下一学年的选课表，课程分为必修课和选修课，每门课程对应不同的学分。一般来说，一学年学时长度的课程修习合格可得1个学分，半学年学时长度的课程修习合格可得0.5个学分。所谓修习合格，指期末该科得到D以上的成绩。一般学区规定，高中阶段每个学生要修满22～26个学分方可毕业。

由于毕业以总学分达标为条件，所以除了必修课以外，学生们也必须选择一些选修课以完成总学分要求。到了高中阶段，学校会按照就业路径来开设课程，据统计，全美高中开设的课程多达240余门，学校鼓励学生按照未来职业兴趣选择课程。

5、一般考试和计分规则

② GPA 计算方法：

每一门课的成绩是平时大、小考试的分数，作业成绩，期中、期末成绩，课堂表现等综合因素加权平均之后的结果。一个学生的学业主要指标：GPA，是将其所修各门课程的期中及期末成绩乘以相对应的学分，累加后再除以总学分的结果。美国大学招生没有统一的考试，各大学自行制定招生标准，GPA 便是大学判断学生学业成绩的一个主要指标。

① 基本考试规则：

考试主要分 Quiz（小测验）、Test（课堂考试）和 Final test（期末考试）。一般除了 AP 或 IB 课程，前两种考试的成绩不理想时可以申请重考（任课老师另有规定的除外），但重考的成绩最高只能得 3 分。

③ 基本计分规则：

一般学校平时采用 4 分制，只有 AP 或 IB 课程的满分为 5 分。大多数学校会在学年期中和期末两次将学生 4 分制的成绩折算成 ABCDF 各等级，给学生发放成绩单。
3.4 ~ 4 分是 A；
2.4 ~ 3.3 是 B；
1.4 ~ 2.3 是 C；
1 ~ 1.3 是 D；
1 分以下是 F。
一门课程如果得 D，则不得学分，得 F 表示修课失败，必须择期重修。

6、GPA 计算举例

假设某学生 2018 年上半学年选修了 6 门课程:

课程名称	学分	成绩	课程时长	所得 GPA 点数（成绩乘以学分）
微积分入门	1	3	1年	3
美国史	1	2	1年	2
摄影	0.5	4	半年	2
经济学	1	4	1年	4
游戏设计	0.5	3	半年	1.5
法语	1	4	1年	4
合计	5			16.5

最终 GPA=（GPA 点数之和）16.5/（学分总和）5=3.3

NO.1

MATH!

作者近照

后　记

《无畏不读：13岁，去美国读初中》一书能有幸面世，与现今中国低龄留学持续升温的现象不无关系。据《2017年中国留学生白皮书》的统计，当年我国中小学留学生人数已占全国总留学生人数的30%，比2016年提高了5%，而美国是低龄留学家庭最青睐的国家。低龄留学虽然持续升温，但这一新生事物的利弊却不是三言两语可以论证清楚的。毕竟，人生是一条单行线，选择了这条路，便看不到其他路上的风景。况且低龄学生身心尚未成熟，海外求学之路更是充满了各种不确定性。所以，希望家长们切勿跟风盲从，务必要根据自家孩子的实际情况慎重决定。

随着留学热的兴起，留学中介作为一个新兴行业也遍地开花，家长们在为孩子筹划留学时大多会求助中介机构，但一些常识性的问题，最好还是要做到心中有数，与中介沟通时才会更加顺畅高效。

在此书最后部分，我谨将自己陪伴孩子赴美就读前后收获的一些信息，包括行前准备事项，美国高中日常运作规则等内容归类整理，供读者们参考。当然，除了这些信息外，我也很乐意分享自己的一些心得体会，帮助孩子们更快地融入新环境，帮助家长们更好地调适心态，面对新的亲子关系。

一、初到异乡如何适度社交

适度社交是小留学生们快速融入环境，提高语言能力，排遣孤独的法宝。初到异乡，依赖当地的华人圈子是人之常情，但如果一味将自己封闭在这个小圈子里，不尝试突破自己的舒适区，便不利于语言水平的提高，及对当地文化、环境的了解和适应了。

谈到社交，首先要对美国基本的社交规则和礼仪有所了解。随和友善、热情开朗、城府不深、自尊心强基本上是一个标准美国人的性格特点。虽然这样性情的人看似容易接近，但保持适度距离感又是这个民族的特性之一，比如：不打听他人的隐私（成绩、年龄、收入、婚史、宗教、性取向等等），拜访需要提前通知，一般不向朋友借钱，外出就餐AA制等。

小留学生们与朋友相处时应该多留意和学习当地的社交礼仪，养成良好的社交习惯和仪态。另外，应远离那些有碍身心健康的社交活动，珍视自己的安全和健康。

二、始终对自己的安全负责

美国是个自由开放的社会，初到异乡的小留学生们也许会因为宽松的学习环境，融洽的师生关系和丰富多彩的业余生活而兴奋不已。但在拥抱新生活之余，请大家务必保持高度的警惕性。因为毒品、枪支、危险的性关系等不安全因素也会因为开放自由的社会氛围而充斥在人们的生活中。

君子不立危墙之下。平时在在社交活动中，小留学生们要注意鉴别危险和自我保护。外出时应避免进入安全口碑较差的地区，遇到主动搭讪的陌生人要保持警惕，尽量避免夜间独自外出。远程旅行前要预先将行程告知朋友或家人，并保持通信畅通。自己驾车要严格遵守当地的交通法规，不飙车耍酷，不购置豪车炫富，以免招致不必要的麻烦。

三、如何做到与孩子共同成长

孩子离家之后，忙于筹备的家长们总算松了一口气，在思念之余，大家也许已经开始思考如何经营这早来的空巢生活了。其实，除此之外还有两件事我们不能忽视：一是保持与孩子的良好沟通，二是保持与孩子的同步成长。

1、如何保持沟通

当然，早请示晚汇报的方式难免会让正处于青春期的孩子产生逆反心理。保持与孩子的紧密沟通需要一些小技巧：

家长们在孩子到达美国后应向其索要一两位同学、朋友的电话以及学校、寄宿家庭的联系方式，以备不时之需。另外，每年开学初，学校会让孩子填一份个人信息表，其中有家长的联系方式。请务必给学校留下自己的电子邮箱，这样学校会定期向家长通告孩子的成绩、学校的近期活动等有用信息。孩子迟到、早退、旷课时，学校也会于当天发邮件通知家长。有些私立学校还会定期通报孩子在校表现情况。除此之外，及时查看孩子信用卡的消费记录也是了解其生活情况的途径之一。

在与孩子联络时，应多关怀他们的生活，赞扬他们的点滴进步，鼓励孩子倾诉，帮助他们树立自信，尽量少责难他们的成绩（一般初入学阶段，学业成绩不会太理想）。节假日的问候，生日的祝福都会是孩子们在异乡难得的温暖。只要和孩子保持良好的沟通，即使远隔重洋，家长们也可以成为孩子坚强的精神后盾。

2、保持共同成长

低龄留学的孩子语言适应得更快，也更容易接受新的思想和价值观。如果家长们对孩子留学的环境不了解，对其国家的风土人情、历史文化、价值体系一无所知，与孩子的沟通将会随着他们的成长而变得越来越困难，久而久之难免造成亲情疏离的局面。只有秉持一种开放的心态，主动吸收外界信息，保持与孩子的同步成长，才能长期保持与孩子进行精神沟通的能力，指导、理解、接受他们的成长和改变。

以上诸般赘叙，皆出自我近一年多来的所见所悟。希望其中的一些信息和观点能帮到正为孩子筹划出国留学的家庭。由于个人水平及眼界的限制，书中如有不尽不详、错漏之处，还请读者朋友们海涵并不吝赐教。

婳妈

2018年11月23日

中英文词汇对照表

英文	中文
academic integrity	学术诚信
advanced	高级的
AP, advanced placement	美国大学预修课程
algebra	代数
Alex	阿莱士（男子名）
amazing	令人惊叹的
American born Chinese	在美国出生的华裔
Ann	安（女子名）
App	手机软件
art	艺术
Ayana	彩奈（日本女子名）
baby sitter	保姆
baseball club	棒球社
Bethany village	贝瑟尼村
behavior grade	课堂表现评分
belt	腰带

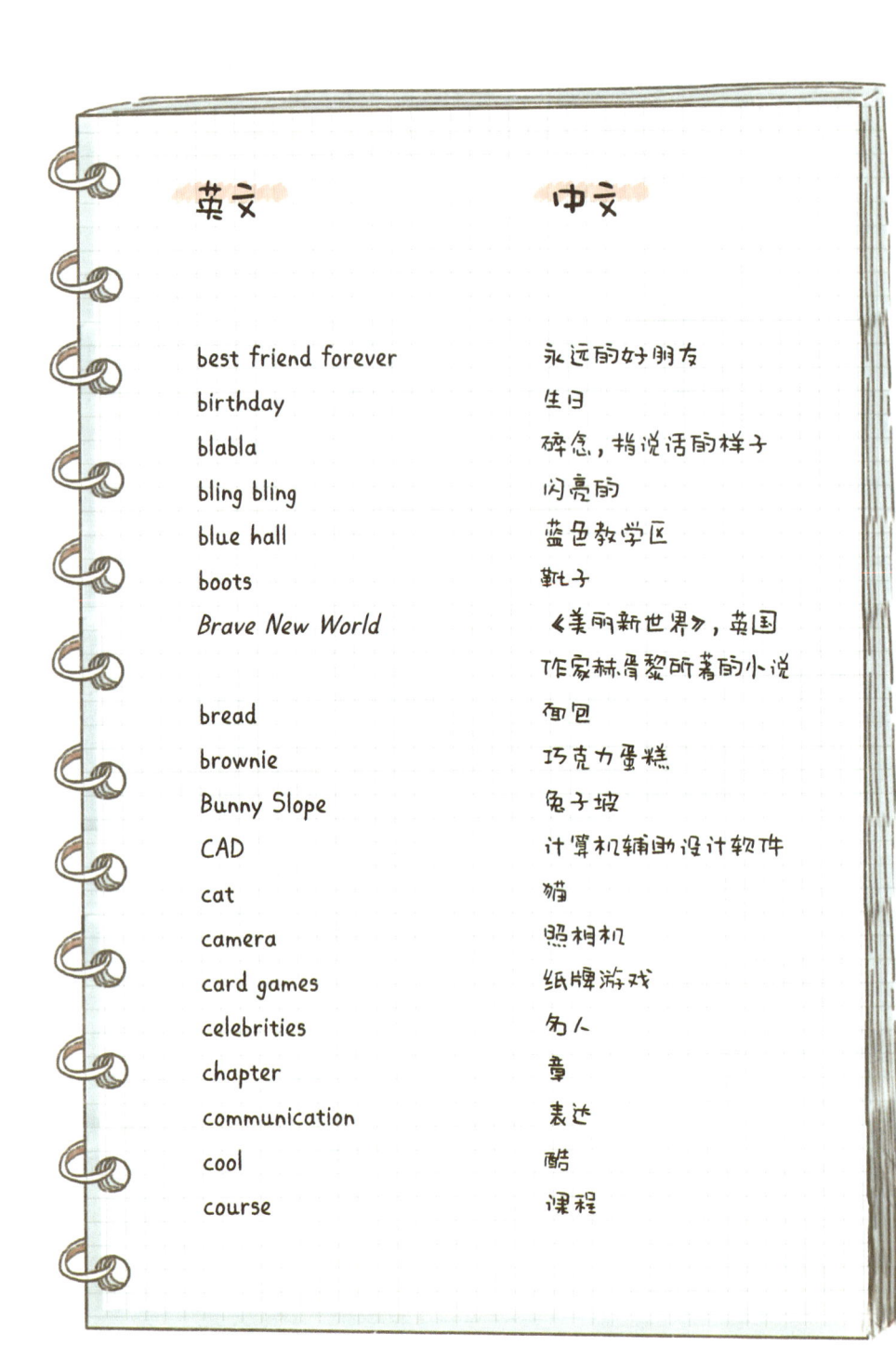

英文	中文
best friend forever	永远的好朋友
birthday	生日
blabla	喋喋，指说话的样子
bling bling	闪亮的
blue hall	蓝色教学区
boots	靴子
Brave New World	《美丽新世界》，英国作家赫胥黎所著的小说
bread	面包
brownie	巧克力蛋糕
Bunny Slope	兔子坡
CAD	计算机辅助设计软件
cat	猫
camera	照相机
card games	纸牌游戏
celebrities	名人
chapter	章
communication	表达
cool	酷
course	课程

英文	中文
counselor	顾问
cloudy	阴天，多云
club	社团
club rush	社团报名会
crazy hat day	怪帽节
crazy hair day	怪发节
credit	信用
cosplay	角色扮演
Could it be worse?	还能更糟糕吗？
culture assembly	文化汇演
culture corner	文化角
cup	杯子
renaissance fair	文艺复兴游园会
danger	危险
drama	戏剧
dream friend	梦想中的朋友
death	死亡
divider	分隔物
documents	文件
early childhood	幼儿期

英文	中文
earthquake	地震
ELD, (English Language Development)	英语提高班
ESL, (English as a Second Language)	英语作为第二语言
elementary school	小学
emmm	英语口语中表示迟疑
English all day	每天说英语
enrichment	美国中学的语文课
ethnicity	种族
family history project	家族历史报告
fees	费用
fee waiver	费用免除
first name	名
friends	朋友
fire	火
final test	期末考
food	食物
food culture	饮食文化
freedom	自由

英文	中文
free lunch	免费午餐
future tense	将来时态
garage sale	在私家车库出售旧货
geometry	几何
good morning	早上好
gifted and talented program	天才教育计划
go	走，去，进行
GPA	平均成绩
grade 8	8年级
grammer	语法
green hall	绿色教学区
guardian	监护人
hall	教学区
happy birthday	生日快乐
hello	你好
hi	你好
high achieving	美国教育体系中的高成就班
high school	高中
History of dada movement	达达主义运动的历史
home	家

英文	中文
home address	家庭住址
homecoming	同学会
homeroom	学生固定上课的教室
homeroom teacher	班主任
homesickness	思乡之情
horse	马
house	住宅，房屋
humanity	人文课
ID	身份证，文中指学生证
I hate drills	我讨厌演习
I'm graduated	我毕业啦
Interesting	有趣
International baccalaureate diploma program	国际文凭大学预修课程计划，程序
I'm not a novelist	我不是一个小说家
I'm going to finish it soon	我马上就要完成它了
I'm writing a story	我在写一个故事
-ing	表示行为、状态、情况等正在进行
IPad	苹果平板电脑

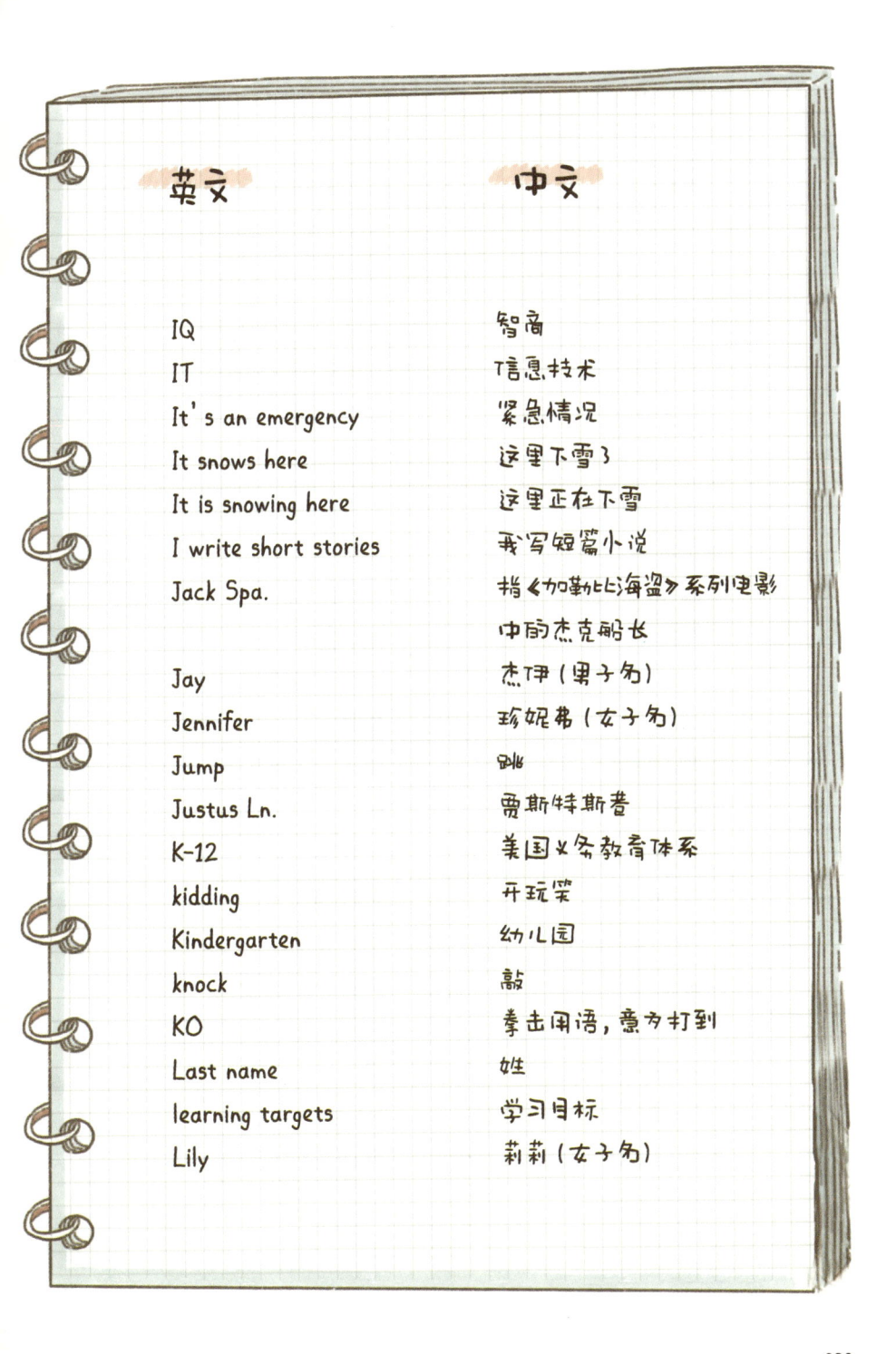

英文	中文
IQ	智商
IT	信息技术
It's an emergency	紧急情况
It snows here	这里下雪了
It is snowing here	这里正在下雪
I write short stories	我写短篇小说
Jack Spa.	指《加勒比海盗》系列电影中的杰克船长
Jay	杰伊（男子名）
Jennifer	珍妮弗（女子名）
Jump	跳
Justus Ln.	贾斯特斯巷
K-12	美国义务教育体系
kidding	开玩笑
Kindergarten	幼儿园
knock	敲
KO	拳击用语，意为打到
Last name	姓
learning targets	学习目标
Lily	莉莉（女子名）

英文	中文
Loading	加载
location	地点
lock down	校内封锁
locker combination	橱子密码
lock out	校外封锁
look at that	看那儿
Lords of the Flies	《蝇王》，英国作家戈尔丁所著小说
love	爱，喜欢
low	低的，粗俗的
lunch	午餐
Mahika	玛希卡（印度女子名）
math	数学
middle school	初中
Miller RD.	米勒路
Mill Pond RD.	磨坊池路
miss	错过，女士，想念
mom	妈妈
money	钱
Mr. G	G先生
Mt. Hood	胡德山

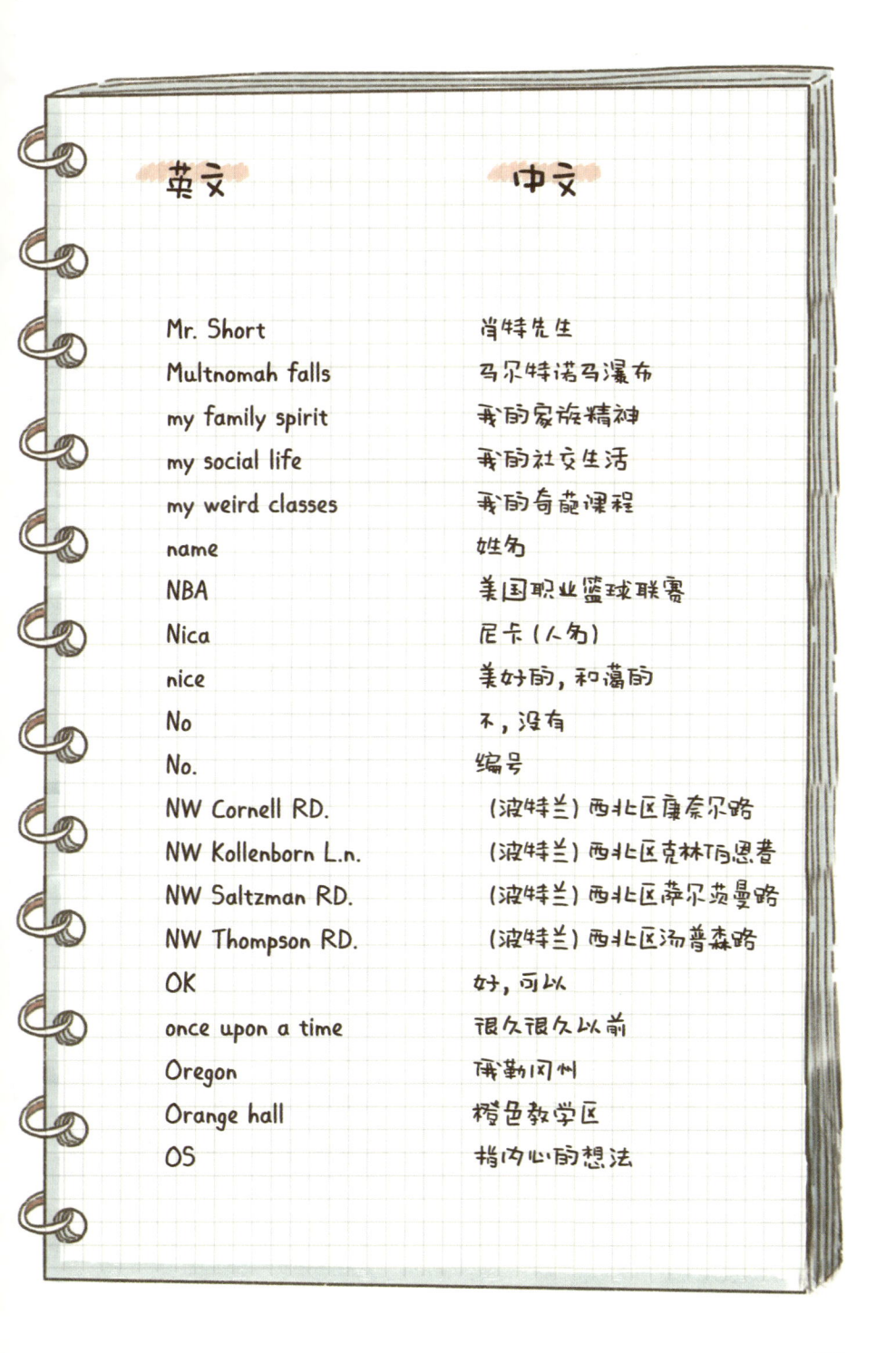

英文	中文
Mr. Short	肖特先生
Multnomah falls	马尔特诺马瀑布
my family spirit	我的家族精神
my social life	我的社交生活
my weird classes	我的奇葩课程
name	姓名
NBA	美国职业篮球联赛
Nica	尼卡（人名）
nice	美好的，和蔼的
No	不，没有
No.	编号
NW Cornell RD.	（波特兰）西北区康奈尔路
NW Kollenborn L.n.	（波特兰）西北区克林伯恩巷
NW Saltzman RD.	（波特兰）西北区萨尔茨曼路
NW Thompson RD.	（波特兰）西北区汤普森路
OK	好，可以
once upon a time	很久很久以前
Oregon	俄勒冈州
Orange hall	橙色教学区
OS	指内心的想法

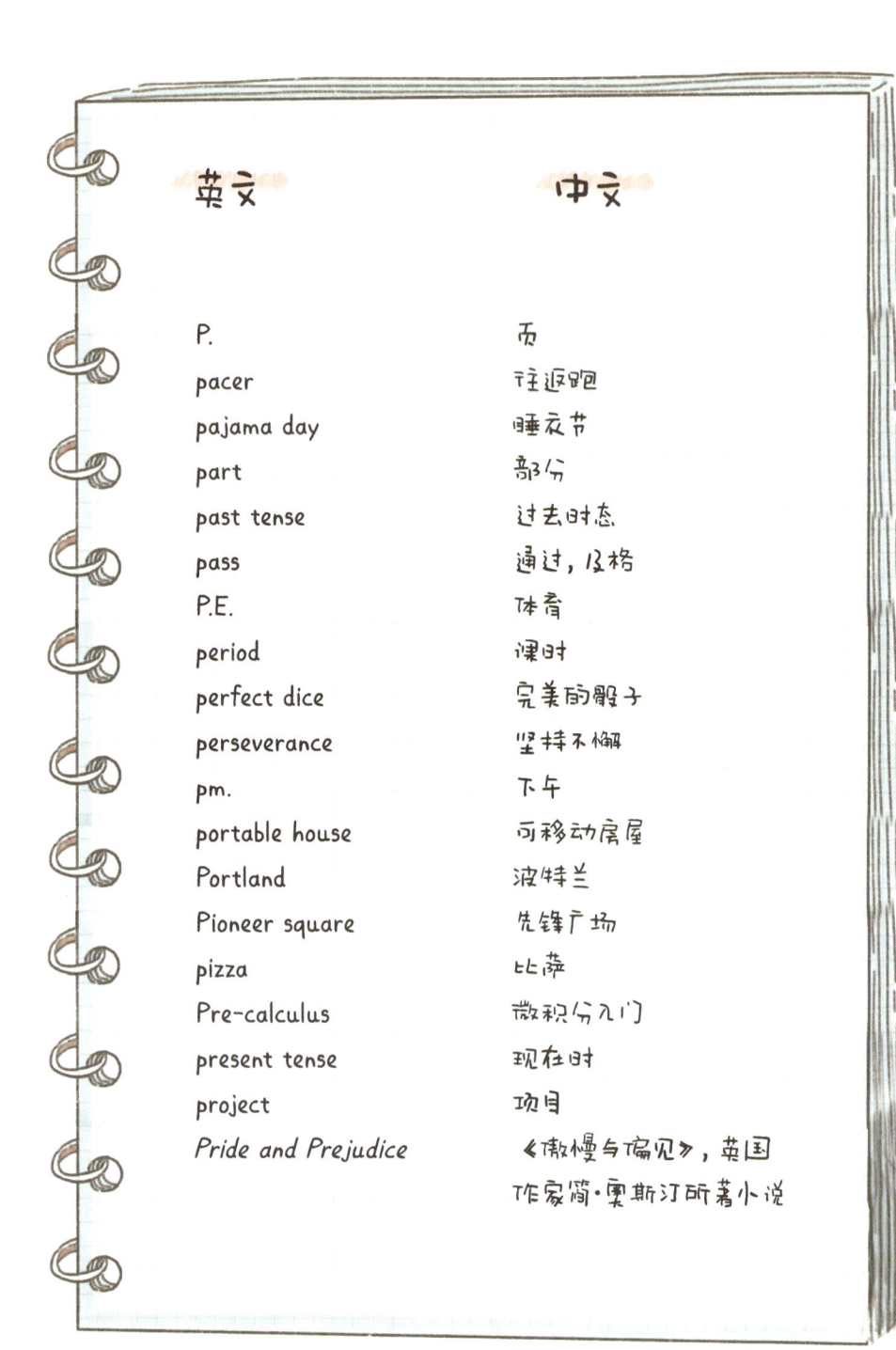

英文	中文
P.	页
pacer	往返跑
pajama day	睡衣节
part	部分
past tense	过去时态
pass	通过，及格
P.E.	体育
period	课时
perfect dice	完美的骰子
perseverance	坚持不懈
pm.	下午
portable house	可移动房屋
Portland	波特兰
Pioneer square	先锋广场
pizza	比萨
Pre-calculus	微积分入门
present tense	现在时
project	项目
Pride and Prejudice	《傲慢与偏见》，英国作家简·奥斯汀所著小说

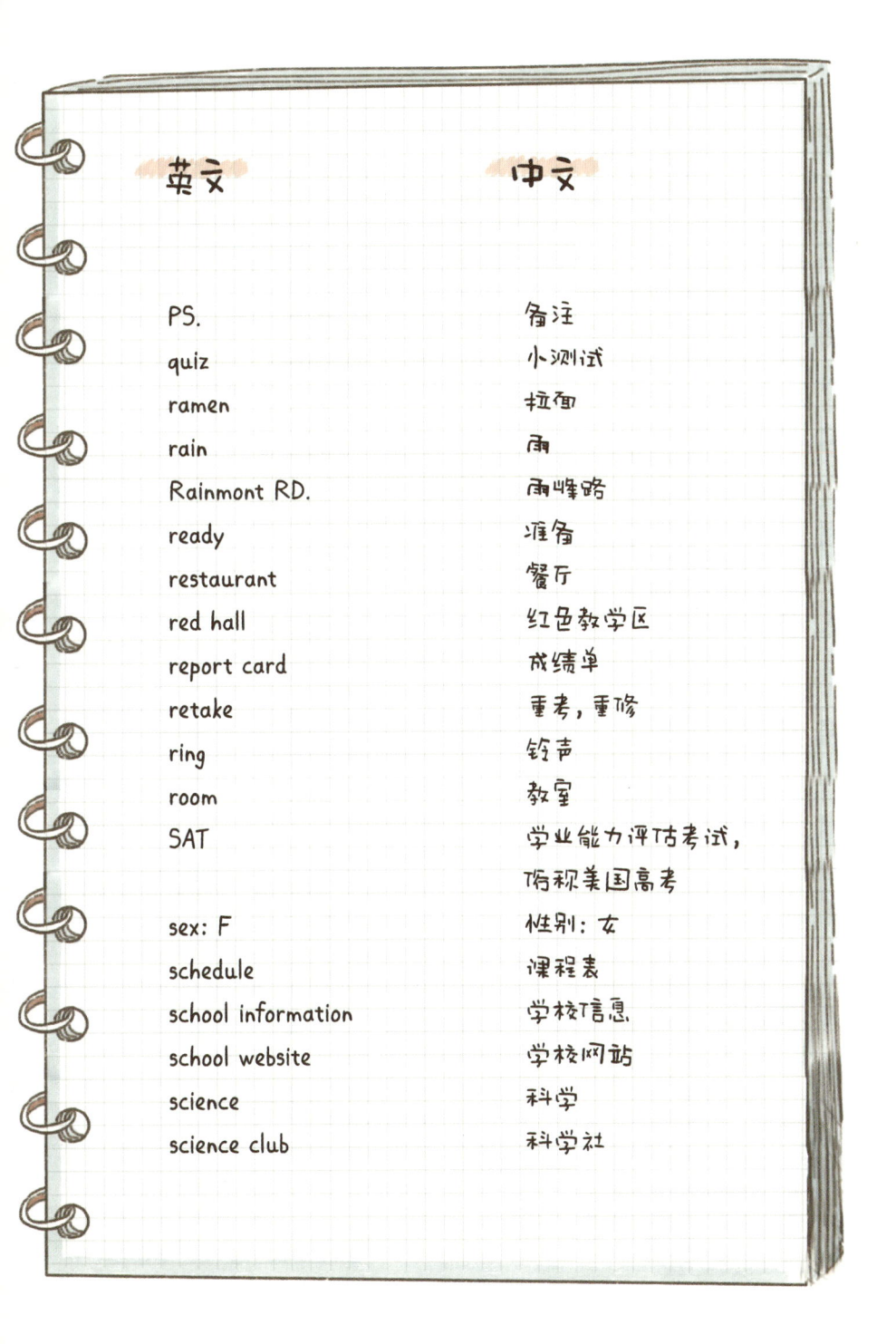

英文	中文
PS.	备注
quiz	小测试
ramen	拉面
rain	雨
Rainmont RD.	雨峰路
ready	准备
restaurant	餐厅
red hall	红色教学区
report card	成绩单
retake	重考，重修
ring	铃声
room	教室
SAT	学业能力评估考试，俗称美国高考
sex: F	性别：女
schedule	课程表
school information	学校信息
school website	学校网站
science	科学
science club	科学社

英文	中文
sleep over	在别人家过夜
snacks	零食
so	所以
so easy	很简单
sorry	对不起
statistics	统计
stop	停
S tomato	餐厅名
student	学生
student of the month	月度之星
subcommunity	次群体
success	成功
sunny	晴
Super Bowl	超级碗，美国职业橄榄球联盟年度冠军赛
super sunny	特别晴朗
Sunset high school	日落高中
Swann	斯旺（人名）
Syrena	塞琳娜（女子名）
Taylor	泰勒（人名）

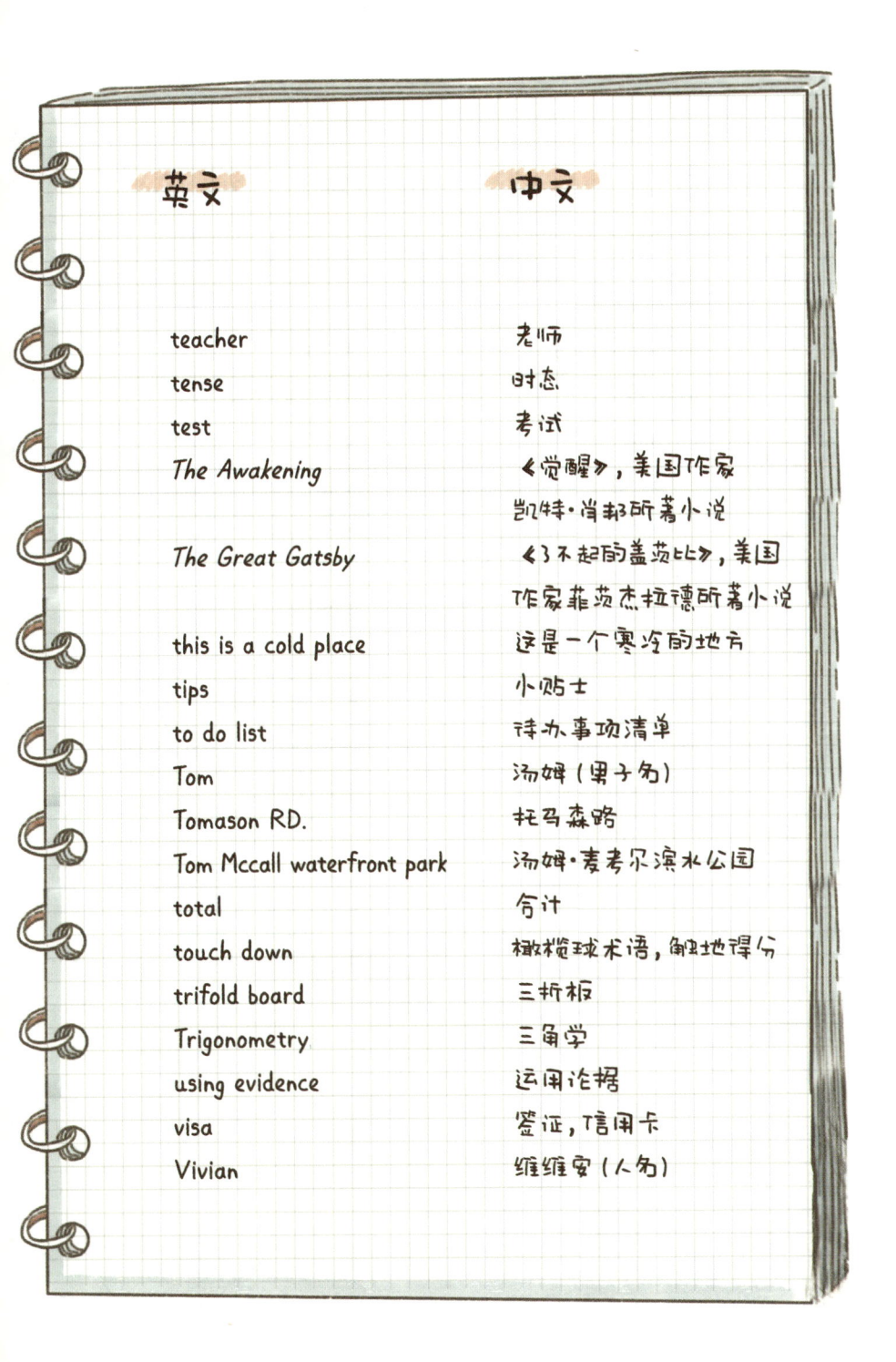

英文	中文
teacher	老师
tense	时态
test	考试
The Awakening	《觉醒》，美国作家凯特·肖邦所著小说
The Great Gatsby	《了不起的盖茨比》，美国作家菲茨杰拉德所著小说
this is a cold place	这是一个寒冷的地方
tips	小贴士
to do list	待办事项清单
Tom	汤姆（男子名）
Tomason RD.	托马森路
Tom Mccall waterfront park	汤姆·麦考尔滨水公园
total	合计
touch down	橄榄球术语，触地得分
trifold board	三折板
Trigonometry	三角学
using evidence	运用论据
visa	签证，信用卡
Vivian	维维安（人名）

英文	中文
volunteer club	义工社
walk in	无需预约的门诊
warning	警告
Washington square	华盛顿广场
Washington park	华盛顿公园
Westview high school	西景高中
West Union RD.	西联路
why not sports	为什么不运动
WiFi	无线局域网
wild cat day	野猫日，文中指学生报到日
world culture club	世界文化社
Wuthering Heights	《呼啸山庄》，英国作家艾米莉·勃朗特所著小说
year book	年鉴
youtube	美国视频网站

网络用语对照表

网络语言	词语解释
老铁	来自东北方言,指好朋友
小白	新手,初级者
妖妖灵	110
QAQ	表示伤心流泪
傲娇	来自日本美少女游戏行业的词汇,表示为了掩饰害羞而做出态度强硬、高傲,表里不一的言行举止
AA制	表示个人平均分摊所需费用
PENG	砰的拼音,表示声音
Duang	象声词,表示加特效
Bi	哔的拼音,表示声音
:D	表示开心地笑
XD	表示大笑,不怀好意地笑
雷	指令人极度惊诧,或表示收到了惊吓或震撼
卡哇伊	日语音译,可爱的
蓝瘦香菇	难受想哭